CB069314

Soluções para o
desenvolvimento
do mercado de capitais
brasileiro

Carlos Antonio Rocca
coordenação e redação

Soluções para o desenvolvimento do mercado de capitais brasileiro

IBMEC
INSTITUTO BRASILEIRO DE MERCADO DE CAPITAIS

Estudos Ibmec 1

JOSÉ OLYMPIO
E D I T O R A

© Instituto Brasileiro de Mercado de Capitais, Ibmec, 2001

Reservam-se os direitos desta edição à
EDITORA JOSÉ OLYMPIO LTDA.
Rua da Glória, 344/4° andar
Rio de Janeiro, RJ — República Federativa do Brasil
Printed in Brazil / Impresso no Brasil

ISBN 85-03-00712-6

Gerência editorial: MARIA AMÉLIA MELLO
Editoria: SONIA CARDOSO
Capa: ISABELLA PERROTTA
Produção e diagramação: ANTONIO HERRANZ
Revisão de provas: ANGELA PESSÔA
ALBERTO VINCENOT

CIP-Brasil. Catalogação-na-fonte
Sindicato Nacional dos Editores de Livros, RJ

S675   Soluções para o desenvolvimento do mercado de capitais brasileiro /
Carlos Antonio Rocca, coordenação e redação. — Rio de Janeiro: José
Olympio, 2001

(Estudos Ibmec; 1)

1. Mercado de capitais — Brasil. I. Rocca, Carlos Antonio. II. Instituto
Brasileiro de Mercado de Capitais. III. Série.

CDD 332.630981
CDU 336.76 (81)

01-1569

SUMÁRIO

APRESENTAÇÃO (*João Paulo dos Reis Velloso*)............................ 9

NOTA DO AUTOR E AGRADECIMENTOS (*Carlos Antonio Rocca*)..... 13

SOLUÇÕES PARA O DESENVOLVIMENTO DO MERCADO DE CAPITAIS BRASILEIRO

INTRODUÇÃO: OBJETIVO, METODOLOGIA 19

CAPÍTULO I

O MERCADO DE CAPITAIS E A RETOMADA DO CRESCIMENTO ECONÔMICO.. 25

CAPÍTULO II

MERCADO DE CAPITAIS NO BRASIL 39

CAPÍTULO III

INICIATIVAS RECENTES: GOVERNO E SETOR PRIVADO..... 109

CAPÍTULO IV

PROPOSTAS E SUGESTÕES PARA O DESENVOLVIMENTO DO MERCADO DE CAPITAIS 119

CAPÍTULO V

BALANÇO PRELIMINAR: AMEAÇAS E OPORTUNIDADES 141

ANEXOS 155
    I — ENTIDADES E PESSOAS PARTICIPANTES DO PROJETO 157
    II — RESUMO 159

REFERÊNCIAS BIBLIOGRÁFICAS 167
ÍNDICE DE TABELAS E GRÁFICOS 173

Apresentação
João Paulo dos Reis Velloso

O IBMEC/Instituto Brasileiro de Mercado de Capitais, inicia, com este volume, uma série de estudos voltados para o esforço de revitalização, no Brasil, do mercado de capitais.

É perfeitamente ilusório pretender construir uma importante economia sem um importante mercado de capitais. Essa deve ser uma prioridade básica para o governo. E ficamos satisfeitos em ver que já existem, na área governamental, pessoas como o presidente do Banco Central, Arminio Fraga; do BNDES, Francisco Gros; da CVM, José Luiz Osório de Almeida Filho, que reconhecem tal prioridade e por ela trabalham.

Este livro nasceu de uma série de reuniões, que o professor Carlos Rocca conduziu, com alta competência, durante um período de cerca de três meses, com as citadas autoridades, e com todas as principais instituições do mercado de capitais.

O texto delas resultante foi, então, objeto de um *workshop* promovido pelo Ibmec, e de que participaram todas as autoridades e instituições envolvidas na série de reuniões. Posteriormente, houve uma reunião no Ibmec, com os mesmos participantes, para discutir a nova versão do estudo.

Finalmente, o professor Rocca preparou a versão final, que agora é publicada, num formato que permite o acompanhamento de todas as sugestões importantes recebidas, concretizadas neste *Soluções para o desenvolvimento do mercado de capitais no Brasil*.

É objetivo do Conselho Diretor do Ibmec fazer a atualização do presente trabalho pelo menos uma vez por ano. Consideramos importante que todas as instituições envolvidas, no governo e no mercado, façam o mesmo, no que toca a cada uma.

Em meu nome e no de Ênio Rodrigues (vice-presidente executivo do Ibmec), desejo agradecer principalmente ao Rocca, que coordenou a maratona (e escreveu o texto, nas suas sucessivas versões); ao Arminio, ao Gros, ao Osório; e a todas as instituições do mercado de capitais, que conosco trabalharam. Sem sua colaboração estaríamos ainda no muro das lamentações. O Roberto Cavalcanti, com a competência de sempre, fez a gentileza de incubir-se do *editing* do livro.

Setembro de 2001

Nota do autor
e agradecimentos

Carlos Antonio Rocca

E STE TRABALHO nasceu de uma sugestão do ex-ministro João Paulo dos Reis Velloso, presidente do Conselho do Ibmec, feita a partir das conclusões de um artigo meu publicado na *Revista da CVM*, em dezembro de 1999. Naquele artigo, eu destacava que o mercado de capitais era prioritário para a retomada do crescimento da economia brasileira e que a criação de condições favoráveis ao seu desenvolvimento poderia ser agilizada com a adoção de um programa que coordenasse as iniciativas do governo e do setor privado e imprimisse um senso de urgência à sua implementação.

A idéia do ex-ministro Velloso era a de se fizesse um estudo focado em soluções para o desenvolvimento do mercado de capitais brasileiro a partir da percepção de que já havia um diagnóstico razoavelmente completo do problema, explorado em vários trabalhos recentes sobre o tema. Tratava-se de captar e organizar as sugestões propostas e iniciativas adotadas pelo governo e por entidades representativas do setor privado. A estrutura final do trabalho foi desenvolvida em estreita colaboração com o dr. Enio Carvalho, que ofereceu importantes sugestões e acompanhou as várias etapas de sua execução.

O resultado final corresponde a um esforço de identificação e organização das sugestões, propostas e iniciativas do governo e do setor privado visando a superação dos obstáculos e a exploração das oportunidades para o desenvolvimento do mercado de capitais brasileiro. Buscou-se estabelecer uma correlação entre essas proposições e os fatores identificados como determinantes do quadro de estagnação existente, o que permitiu realizar um balanço preliminar do avanço já obtido e do caminho a percorrer. Na parte final, foi feito um exercício de quantificação do potencial do mercado de capitais brasileiro para o financiamento do investimento privado. Mantido o esforço de ajuste fiscal, conclui-se que no futuro próximo a contribuição desse mercado para o financiamento do investimento pode ser comparável à observada nas economias mais dinâmicas das últimas décadas.

Devo agradecer o apoio e as sugestões do ex-ministro Velloso e do dr. Enio Carvalho durante todas as fases do trabalho, bem como a colaboração inestimável dos especialistas, profissionais e entidades que contribuíram com seu tempo e esforço fornecendo as informações e comentários, essenciais para a execução da pesquisa. Ao deputado Antonio Kandir manifesto igualmente meus agradecimentos pelo empenho com que respondeu às questões formuladas e pelos esclarecimentos prestados quanto ao projeto da nova Lei das Sociedades Anônimas.

Agradeço o apoio da equipe de trabalho, com destaque para o economista Rodrigo Rodrigues Celoto, que se ocupou da organização e apresentação dos dados utilizados, ofereceu sugestões relevantes e desenvolveu a versão preliminar da estimativa de potencial do mercado. Agradeço também à economista Elenice Monteiro, que pacientemente revisou todo o texto e organizou a bibliografia, assim como a Ricardo Rodrigues Celoto, que se encarregou da atualização do banco de dados. A responsabilidade por quaisquer erros remanescentes é do autor.

São Paulo, agosto, 2001

Soluções para o desenvolvimento do mercado de capitais brasileiro

Introdução: objetivo, metodologia

Carlos Antonio Rocca

O OBJETIVO deste livro é identificar soluções para o desenvolvimento do mercado de capitais brasileiro, com base na visão, posicionamento e proposições de uma amostra de instituições públicas, entidades privadas e especialistas nessas questões.

A partir de um esforço de diagnóstico, no sentido de identificar os obstáculos que têm limitado o desenvolvimento desse mercado, concentra-se o foco nas propostas e iniciativas visando a sua superação no prazo mais curto possível.

As questões básicas a serem colocadas são as seguintes:

a) O papel do mercado de capitais na retomada e sustentação do crescimento da economia brasileira e fatores limitantes ao seu desenvolvimento.

b) Os impactos resultantes da globalização do mercado de capitais e da tendência de migração das maiores e melhores empresas brasileiras para bolsas internacionais.

c) As ações necessárias para remover obstáculos, enfrentar as ameaças e criar as oportunidades para otimizar a participação do mercado de capitais na mobilização de poupança e sua alocação para o financiamento da economia.

d) Os modos de implementação das ações propostas: prioridades, instrumentos, participação de entidades do setor público e do setor privado, mecanismos de coordenação.

A metodologia utilizada tem por base a sistematização das opiniões, posicionamentos e propostas contidas nos principais trabalhos realizados nos últimos anos, bem como dos principais executivos e especialistas de um conjunto de entidades públicas e privadas selecionadas. Para este fim, foram realizadas várias reuniões de trabalho (*workshops*) individuais, cujos participantes estão identificados no Anexo 1.

Dados a complexidade dos temas envolvidos e o desejo de organizar as questões em um certo número de tópicos mais gerais, o trabalho foi executado em três etapas:

1) Texto básico: sem prejuízo de quaisquer outras questões colocadas pelas entidades e especialistas consultados, foi desenvolvido um texto para servir de referência, contendo duas partes.

Na primeira, que corresponde ao Capítulo I deste livro, apresenta-se um resumo das principais proposições relativas ao papel do mercado de capitais para a retomada e sustentação do crescimento da economia brasileira.

Na segunda parte (Capítulo II), apresenta-se um retrospecto e formulação de um diagnóstico, em que são examinados alguns dos principais fatores limitantes do desenvolvimento desse mercado. Essa seção foi desenvolvida a partir da resenha de vários trabalhos de pesquisa feitos nos últimos anos.*

2) Reuniões de trabalho (workshops): realizaram-se reuniões de trabalho com as várias entidades, facultando-se às mesmas explicitar seu posicionamentó em termos verbais ou na forma de documento escrito.

3) Sistematização e análise de sugestões e propostas: ao material captado nessas reuniões foram agregados projetos em discussão do Congresso Nacional e sugestões contidas nos trabalhos já mencionados. Esse conjunto foi organizado de modo a facilitar o exame de sua correlação com os obstáculos ao desenvolvimento do mercado.

Foram levados em conta dois projetos que se encontram em tramitação no Congresso Nacional. O primeiro é o referente a mudanças das Leis 6.404/76 (Lei das S.A.) e 6.385/76, representado pelo substitutivo

---

* Os trabalhos utilizados foram: Claessens, S. (2000), Barros, J.R.M e outros (2000), Nobrega, Mailson e outros (2000), Rocca e Carvalho (1999), Rocca (1999) e Rocca, Silva e Carvalho (1998).

ao Projeto de Lei n. 3.115, de 1997, de autoria do Dep. Luiz Carlos Hauly, tendo como relator na Comissão de Finanças e Tributação o Dep. Antonio Kandir. Neste trabalho, considera-se o texto original do projeto, embora existam pontos que são objeto de considerável controvérsia. O outro é o Projeto de Lei 3.741/00, que trata da atualização dos critérios contábeis e sua harmonização com padrões internacionais.

No Capítulo III, apresenta-se um resumo de algumas das principais iniciativas adotadas recentemente por entidades do governo e do setor privado. No Capítulo IV, as propostas e sugestões são organizadas de modo a facilitar a verificação de sua correlação com os obstáculos identificados no diagnóstico.

No Capítulo V, realiza-se um balanço preliminar, visando avaliar até que ponto as iniciativas e projetos em curso permitem superar os obstáculos e criar as condições de desenvolvimento do mercado de capitais brasileiro, levando-se em conta os fatores identificados nos capítulos anteriores. O trabalho é concluído com a identificação de algumas ameaças e oportunidades.

Esse balanço preliminar é parte da hipótese básica de que o processo de estabilização seja consolidado, permitindo a manutenção da taxa básica de juros em níveis próximos aos internacionais. Na medida em que não sejam criadas condições macroeconômicas para gerar esse resultado, as demais medidas evidentemente continuam muito necessárias e desejáveis, mas poderão ter seu impacto final sobre as condições de financiamento ao setor produtivo consideravelmente limitado.

Com essa condição, verifica-se que uma parcela considerável dos obstáculos identificados poderá ser removida ou consideravelmente minimizada, na medida em que as iniciativas e projetos existentes venham a ser aprovados e executados. Nesse grupo são incluídas as questões ligadas à proteção aos acionistas e credores, ao aperfeiçoamento da governança corporativa de empresas, investidores institucionais e fundos de investimento.

Por outro lado, registra-se também a permanência de alguns fatores limitantes de grande importância, especialmente os relativos ao sistema tributário. A escala e o crescimento da economia informal, estimulados pelo aumento continuado da carga tributária potencial, constituem um limite absoluto ao desenvolvimento e operacionalidade do mercado de capitais e do próprio sistema bancário. Nessa condição, uma parcela grande e eventualmente crescente do setor produtivo da economia brasileira está excluída do acesso a condições competitivas de financiamento, que é incompatível com o mercado de capitais e difícil de atingir pelo crédito bancário.

A permanência da CPMF e de algumas impropriedades de incidência do Imposto de Renda constituem o segundo grupo de problemas tributários que afetam o mercado de capitais. No primeiro caso, trata-se da elevação dos custos de transação de modo a incentivar a migração da liquidez do mercado acionário para o exterior e inviabilizar o desenvolvimento de mercados secundários, especialmente para papéis de longo prazo. Entre outras operações, a securitização de hipotecas, base no novo Sistema Financeiro Imobiliário, fica inviável. No caso do Imposto de Renda, os principais problemas identificados dizem respeito à tributação de rendimentos de capital durante o período de capitalização de fundos de previdência, prática quase inexistente na experiência internacional, e à previsão de igual tributação para rendimentos de renda fixa e variável.

Na parte final, são considerados alguns elementos que caracterizam uma grande oportunidade para o desenvolvimento do mercado de capitais brasileiro, cujo aproveitamento requer a superação dos obstáculos apontados em tempo hábil. Os dados indicam que a manutenção de algumas tendências pode viabilizar a obtenção de resultados substanciais, em curto prazo.

A projeção de crescimento dos recursos de investidores institucionais no ritmo observado nos últimos anos, combinada com a meta de estabilização da dívida pública em relação ao PIB, gera um considerável fluxo de recursos cuja destinação natural será a aquisição de papéis privados. Esse fluxo pode atingir proporções extremamente significativas, da ordem de 18% da formação bruta de capital fixo, nível esse equivalente aos maiores observados na experiência internacional.

Com o objetivo de facilitar a leitura e a identificação das idéias centrais, adotou-se um estilo de redação em que as proposições ou conclusões antecedem os dados ou razões que lhes dão suporte.

CAPÍTULO I

O mercado de capitais
e a retomada
do crescimento econômico*

---

* Seção baseada em Rocca e Carvalho (1999) e Rocca, Silva e Carvalho (1998).

A RETOMADA DO CRESCIMENTO
REQUER CONDIÇÕES COMPETITIVAS
DE FINANCIAMENTO

DESAFIO ATUAL:
CONSOLIDAR A ESTABILIZAÇÃO
E RETOMAR O CRESCIMENTO
COM EQUILÍBRIO EXTERNO

O GRANDE desafio atualmente enfrentado pela economia brasileira é o de consolidar o processo de estabilização e retomar o crescimento econômico preservando o equilíbrio das contas externas.

Trata-se de configurar uma nova estrutura produtiva em condições de promover uma integração competitiva à economia mundial, provendo o crescimento econômico e o equilíbrio das contas externas.

Com a nova política cambial e o processo de consolidação da estabilização, a economia brasileira está criando condições para a retomada do crescimento de longo prazo.

A RETOMADA DO CRESCIMENTO
DEVE SER LIDERADA
POR INVESTIMENTOS PRIVADOS

A retomada do crescimento com equilíbrio das contas externas exigirá considerável esforço de investimentos voltados para a ampliação da oferta e elevação da produtividade, especialmente dos setores produtores de bens comercializáveis.

Com a privatização e o estado das contas públicas, esse esforço deverá ser feito predominantemente pelo setor privado, enquanto que o setor público concentrará seus recursos nos gastos sociais.

A MAIORIA DAS EMPRESAS NÃO TEM ACESSO A CONDIÇÕES ADEQUADAS DE FINANCIAMENTO: OBSTÁCULO À RETOMADA

Como se verá adiante, apenas um pequeno grupo de empresas constituído de empresas multinacionais e das maiores nacionais tem acesso a fontes externas ou domésticas de financiamento em condições menos desfavoráveis. São virtualmente inexistentes alternativas competitivas para a grande maioria das empresas que dependem exclusivamente de fontes de recursos domésticas.

A INTEGRAÇÃO COMPETITIVA À ECONOMIA MUNDIAL REQUER CONDIÇÕES DE FINANCIAMENTO COMPARÁVEIS ÀS DOS CONCORRENTES INTERNACIONAIS

Essas deficiências têm se tornado ainda mais relevantes face aos ganhos de eficiência alocativa, redução de custos de capital e multiplicação de alternativas de financiamento disponíveis para alguns dos principais concorrentes internacionais.

Como destacado adiante, o extraordinário avanço observado no sistema financeiro internacional nos últimos dez ou quinze anos, com a modernização do sistema bancário e aumento da participação do mercado de capitais na mobilização e alocação de recursos para o setor produtivo, tem resultado em enorme vantagem competitiva para os países e economias que conseguiram criar essas condições, reforçando a desvantagem das empresas brasileiras.

As condições de financiamento do setor privado constituem hoje um dos principais obstáculos à retomada dos investimentos privados e à competitividade internacional da economia brasileira.

Para retomar o crescimento de longo prazo e integrar a economia brasileira de modo competitivo à economia mundial, é imprescindível modernizar o sistema financeiro (bancos e mercado de capitais) de modo a aumentar a eficiência de mobilização e alocação de recursos e oferecer ao setor produtivo custos de capital e condições de financiamento comparáveis àquelas disponíveis para os competidores internacionais.

O MERCADO DE CAPITAIS E O SISTEMA BANCÁRIO PRIVADO DEVEM ASSUMIR O PAPEL CENTRAL NA MOBILIZAÇÃO E ALOCAÇÃO DE RECURSOS NA ECONOMIA BRASILEIRA

DESDE O PÓS-GUERRA O SETOR PÚBLICO TEM ASSUMIDO O PAPEL CENTRAL NA MOBILIZAÇÃO E ALOCAÇÃO DE RECURSOS

Desde o pós-guerra o setor público tem assumido o papel central na mobilização e alocação de recursos de poupança e de investimento na economia brasileira, cabendo ao sistema bancário privado e ao mercado de capitais posições secundárias.

Diretamente, o setor público comandava parcela significativa do investimento total, sobretudo através das empresas estatais.

Por outro lado, todos os ciclos importantes de investimento privado ocorridos nesse período foram essencialmente dirigidos pelas políticas oficiais. Para isso, o governo utilizava um amplo arsenal de instrumentos, incluindo tarifas de importação, isenções e incentivos fiscais, subsídios de crédito, além de transferências de recursos de poupança do setor público ou de fundos compulsórios em benefício de setores considerados prioritários segundo algum critério.

A mobilização e alocação de poupanças também têm sido lideradas pelo Estado. Os bancos estatais têm representado mais da metade dos ativos do sistema bancário. Além disso, os bancos federais, administrando com freqüência recursos de poupança do setor público e de fundos de poupança compulsória, tradicionalmente têm constituído a única fonte doméstica de financiamentos de longo prazo.

COM PRIVATIZAÇÃO, ESTABILIZAÇÃO E ABERTURA, O SETOR PÚBLICO CONCENTRA O FOCO EM GASTOS SOCIAIS

A partir do início da década de 90, com a abertura externa, privatização de empresas estatais e a estabilização, passam a ser criadas as condições pelas quais o sistema financeiro privado deverá assumir o papel fundamental de mobilizar e alocar recursos de poupança na economia brasileira.

A exigência do ajuste fiscal para preservar a estabilização e as enormes demandas nas áreas de previdência, educação e saúde, devem concentrar o foco do setor público nos gastos sociais. A privatização de bancos estatais está reduzindo sua participação no sistema bancário nacional, enquanto que a tendência de forte crescimento dos investidores institucionais (previdência fechada e aberta, fundos mútuos de investimento e seguradoras) leva à diminuição da importância relativa dos fundos de poupança compulsória geridos pelo setor público.

A integração da economia brasileira à economia mundial implica a assunção de compromissos junto a órgãos internacionais (OMC) e regionais (Mercosul), reduzindo substancialmente a liberdade de atuação governamental sobre preços relativos e alocação de investimentos privados. Tarifas, incentivos e subsídios terão papel cada vez menor na indução e alocação de investimentos.

Desse modo, não parece realista imaginar que nas atuais circunstâncias o investimento ou mesmo o financiamento da retomada de investimentos privados possa ser liderado pelo setor público, reproduzindo o modelo das décadas passadas. Apesar de sua importância, os recursos do BNDES, BNDESPAR e da Finep atendem apenas um número limitado de projetos e empresas e evidentemente não têm condições de alterar fundamentalmente o quadro de grande restrição de recursos antes delineado para a grande maioria das empresas do setor produtivo.

O SISTEMA FINANCEIRO PRIVADO
— BANCOS E MERCADO DE CAPITAIS —
ASSUME GRADATIVAMENTE A LIDERANÇA
NA MOBILIZAÇÃO E ALOCAÇÃO DE RECURSOS

Desse modo, a menos que venha a ocorrer uma improvável reversão nos processos de privatização e abertura econômica, parece assegurado que o setor público reduzirá consideravelmente sua intervenção na mobilização e alocação de recursos de poupança e investimentos.

A exemplo do que ocorre com as e economias mais bem-sucedidas do mundo, caberá daqui por diante ao sistema financeiro privado, bancos e mercados de capitais, o papel central no desempenho dessas funções.

Como destacado adiante, as principais entidades públicas de financiamento a investimentos privados — BNDES/BNDESPAR/ Finep — certamente deverão ter papel fundamental na transição.

MODERNIZAÇÃO DO SISTEMA FINANCEIRO: MERCADO DE CAPITAIS E SISTEMA BANCÁRIO EFICIENTE ACELERAM CRESCIMENTO ECONÔMICO

DESENVOLVIMENTO FINANCEIRO
É FATOR DE CRESCIMENTO ECONÔMICO

Nos últimos anos um grande número de trabalhos de pesquisa tem reforçado a hipótese de que o desenvolvimento financeiro é importante fator de crescimento econômico. Embora essa hipótese seja muito antiga, só mais recentemente tem-se acumulado evidência empírica convincente, sustentando inclusive a existência de relação causal.

RAZÕES TEÓRICAS: SISTEMA FINANCEIRO EFICIENTE FAVORECE INVESTIMENTO E AUMENTA SUA PRODUTIVIDADE

Num modelo muito simples de desenvolvimento, a taxa de crescimento econômico pode ser decomposta em dois coeficientes: a proporção do PIB que anualmente é destinada ao aumento do estoque de capital (taxa de investimento) e o acréscimo de produto obtido a partir de cada unidade adicional de capital (produtividade do investimento).

Verifica-se que um sistema financeiro eficiente pode aumentar especialmente a produtividade dos investimentos, uma vez que ele é capaz de:

• Melhorar a qualidade da alocação de recursos, destinando-os aos projetos de maior retorno.

• No nível de empresas ou projetos, viabilizar a adoção de escalas e tecnologias ótimas, permitindo superar os limites de disponibilidade de recursos de seus proprietários ou empreendedores.

• Acelerar a absorção de novas tecnologias, inclusive suprindo recursos de capital para empresas emergentes e de inovação tecnológica.

• Oferecer novos modos de administrar e distribuir riscos, mediante diversificação, *hedge* e seguros e, em particular, permitindo segregar os riscos do empreendimento de outros riscos que o empreendedor não se dispõe ou não tem condições de bancar (taxas de juros, moedas).

EVIDÊNCIA EMPÍRICA: PAÍSES COM SISTEMAS FINANCEIROS DESENVOLVIDOS CRESCEM MAIS

Nas economias mais bem-sucedidas, a modernização do sistema financeiro é apontada como fator de primeira grandeza na manutenção e aceleração do crescimento econômico. Por exemplo, parcela considerável do excepcional desempenho da economia norte-americana nos últimos anos tem sido atribuída à eficiência de seu sistema financeiro.

Existe hoje razoável evidência empírica demonstrando que sistemas financeiros eficientes (bancos e mercado de capitais) constituem fatores relevantes na determinação das taxas de crescimento econômico.

Análises com base em dados de dezenas de países em períodos longos de tempo mostram que sistemas financeiros mais desenvolvidos e ativos estão associados com taxas mais altas de crescimento econômico, mesmo depois de levadas em conta as demais variáveis relevantes para explicar o crescimento.[30, 34, 35, 44]

As Figuras 1 e 2 resumem o resultado de um desses trabalhos. Usando dados de 39 países no período de 1976 a 1993, Levine (1997) verificou a existência de clara correlação positiva entre desenvolvimen-

FIGURA 1

DESENVOLVIMENTO BANCÁRIO INICIAL MEDIDO PELA RAZÃO ENTRE EMPRÉSTIMO A EMPRESAS E PIB EM 1976 E CRESCIMENTO ECONÔMICO SUBSEQÜENTE (1976-93)

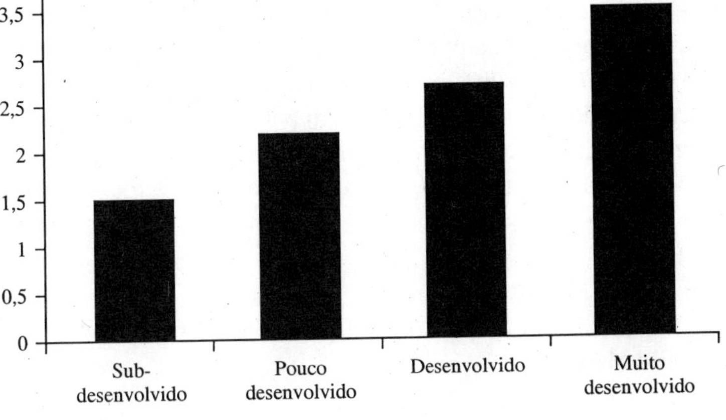

ROCCA, C.A. & CARVALHO, A.G. & SILVA, M.E., 1998. *Sistema Financeiro e Crescimento Econômico*. Trabalho realizado para a Bovespa.

to bancário em 1976 e taxas de crescimento econômico no período subseqüente (1976-1993). Essa correlação se manteve estatisticamente significante, mesmo depois de se considerar na mesma relação um conjunto de variáveis em geral correlacionadas com o crescimento econômico.

FIGURA 2

LIQUIDEZ INICIAL MEDIDA PELA RAZÃO
ENTRE O VALOR TRANSACIONADO E PIB EM 1976
E CRESCIMENTO ECONÔMICO SUBSEQÜENTE (1976-93)

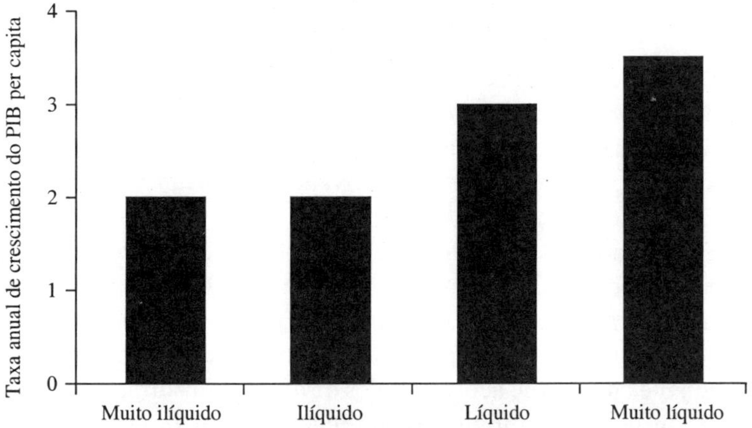

Nota:
(1) Dados de: 9 economias **muito ilíquidas**: Áustria, Colômbia, Dinamarca, Finlândia, Indonésia, Nigéria, Noruega, Portugal e Venezuela; 10 economias **ilíquidas**: Argentina, Bélgica, Grécia, Jordânia, Luxemburgo, México, Espanha, Suécia, Tailândia, Zimbabue, Reino Unido e Venezuela; 10 economias **líquidas**: Brasil, Chile, França, Alemanha, Índia, Itália, Coréia, Malásia, Holanda e Filipinas; 10 economias **muito líquidas**: Austrália, Canadá, Hong Kong, Israel, Japão, Cingapura, Taiwan, China, Reino Unido e Estados Unidos.
(2) Esta relação permanece verdadeira mesmo quando consideradas outras variáveis como: renda inicial, nível inicial de matrícula no 2º grau, gastos do governo como proporção do PIB, taxa de inflação, soma das importações e exportações como parcela do PIB, ágio do mercado paralelo e crédito bancário ao setor privado como proporção do PIB.
Figura extraída de Levine, R., 1997, "Stock Markets: A Spur to Economic Growth", *Finance and Development*, março, p. 9.

ROCCA, C.A. & CARVALHO, A.G. & SILVA, M.E., 1998. *Sistema Financeiro e Crescimento Econômico*. Trabalho realizado para a Bovespa.

Resultados semelhantes são obtidos quando se correlaciona crescimento com indicadores de desenvolvimento do mercado de capitais. Na Figura 2, constata-se também que os países com mercados acionários mais líquidos em 1976 cresceram mais no período subseqüente (1976-1993).

MODERNIZAÇÃO
DO SISTEMA FINANCEIRO:
CRESCIMENTO ACELERADO
DO MERCADO DE CAPITAIS

Desde meados da década de 80 os sistemas financeiros dos países mais desenvolvidós têm apresentado intenso processo de mudança, propiciado por inovações tecnológicas nas áreas de informática e telecomunicações, desregulamentação, privatização e avanços da tecnologia financeira.

Essas condições permitiram desenvolver novos modos de desempenhar as funções tradicionais do sistema financeiro. Uma parcela cada vez maior dos recursos antes intermediados pelo sistema bancário passou a fluir via mercado de capitais, acessado diretamente pelas empresas mediante emissão de ações e títulos de dívida. Sua difusão e permanência têm por base a lógica econômica — esses novos modos de mobilizar e alocar recursos de poupança são mais eficientes e de menor custo em comparação com os tradicionais.

Nos EUA, onde essas tendências mais avançaram, verifica-se que o saldo de ativos financeiros emitidos por empresas privadas não financeiras corresponde a mais do dobro do total de ativos bancários. No Japão e principalmente na Europa, o sistema bancário ainda é dominante, mas as tendências observadas nos últimos anos são no sentido de reforçar acentuadamente a importância do mercado de capitais.[41]

TABELA 1

INDICADORES DO TAMANHO DO MERCADO DE CAPITAIS 1995 UNIÃO EUROPÉIA, EUA E JAPÃO

	UNIÃO EUROPÉIA	JAPÃO	EUA
PIB (US$ bilhões)	8.427,0	5.114,0	7.253,8
Em % do PIB: Capital. Bursátil	44,8%	71,7%	94,5%
Títulos de dívida privados	45,8%	36,7%	59,2%
SOMA	90,6%	108,4%	153,7%
Ativos bancários	175,8%	144,3%	68,9%
Dívida pública	57,1%	67,5%	92,5%
TOTAL	323,5%	320,2%	315,1%

FONTE: Prati e Schinasi (1996).
ROCCA, C.A. & CARVALHO, A.G. & SILVA, M.E., 1998. *Sistema Financeiro e Crescimento Econômico.* Trabalho realizado para a Bovespa.

PRINCIPAIS PROCESSOS E INOVAÇÕES:
INSTITUCIONALIZAÇÃO DA POUPANÇA, SECURITIZAÇÃO,
NOVOS MECANISMOS DE MOBILIZAÇÃO
E ALOCAÇÃO DE RECURSOS
E NOVOS MODOS DE ADMINISTRAR
E DISTRIBUIR RISCOS

As mudanças observadas desde meados da década de 80 têm levado o mercado de capitais a assumir posição cada vez mais importante na mobilização e alocação de recursos de poupança em favor do setor produtivo. Os principais processos e inovações têm por base:

• A institucionalização da poupança: crescimento acentuado da importância de investidores institucionais: fundos de pensão, previdência aberta, fundos mútuos de investimento, companhias de seguros.
• A criação de novos instrumentos de financiamento, destacando-se a securitização de ativos (hipotecas, recebíveis em geral), permitin-

do também a montagem de estruturas complexas para o financiamento de projetos de longo prazo (*project finance*).

• A criação de novos mecanismos de mobilização de recursos e fundos destinados a investir capital de risco e de empréstimo em empresas emergentes e de inovação tecnológica (*seed money, venture capital, private equity*).

• O desenvolvimento de novos modos de administrar e distribuir riscos, mediante diversificação, utilização de mercados de derivativos (*hedge*) e seguros.

RESULTADOS:
MAIOR EFICIÊNCIA NA ALOCAÇÃO DE RECURSOS,
MAIS ALTERNATIVAS DE FINANCIAMENTO,
MENORES CUSTOS DE CAPITAL

Essas inovações, combinadas com mercados secundários ativos e líquidos, têm permitido ampliar a oferta de capitais de risco e de empréstimo inclusive para empreendimentos de alto risco, projetos de longa maturação e financiamentos de longo prazo (imobiliário), operações que mesmo um sistema bancário moderno e eficiente tem dificuldades de atender.

Em síntese, o exame da experiência internacional mostra que a modernização do sistema financeiro e o desenvolvimento do mercado de capitais têm impactos favoráveis sobre o crescimento econômico pois eles:

• Aumentam a eficiência de alocação de recursos.

• Viabilizam estruturas de financiamento para investimentos de longo prazo — ações, debêntures, *project finance.*

• Geram oportunidades de financiamento para empresas emergentes, inovadoras e de alta tecnologia, inclusive pequenas e médias empresas, com efeitos positivos sobre o crescimento da produtividade.

• Estimulam a e abertura de capital de empresas fechadas, gerando condições e veículos de saída para o desenvolvimento de fundos de *venture capital* e *private equity.*

• Oferecem alternativas de financiamento para empresas fechadas no mercado de capitais, especialmente na forma de securitização de recebíveis.

• Estimulam a melhoria de governança corporativa das empresas.

• Viabilizam a securitização de hipotecas (*asset backed securities*), com a operação de um mercado secundário ativo para títulos de dívida privada, que é hoje o principal mecanismo de financiamento de longo prazo para habitação nos mercados desenvolvidos.

Menores custos resultantes de novas tecnologias, avanços na administração e distribuição de riscos e reforço da competição com formas tradicionais de intermediação têm levado à redução dos custos de capital, inclusive mediante a queda acentuada de *spreads* e comissões.[9] Os dados abaixo, referentes a uma operação de securitização de recebíveis de grandes empresas européias, ilustram esse resultado. O *spread* total se limita a apenas 48 pontos básicos ao ano.

TABELA 2

CUSTOS TOTAIS DE OPERAÇÃO DE SECURITIZAÇÃO
RECEBÍVEIS DE COMPANHIAS EUROPÉIAS
MULTISELLER CONDUIT DE BANCOS EUROPEUS

	PONTOS BÁSICOS A.A. (BASE LIBOR)
Captação	–7
Distribuição e Administração	15
Reforço de Liquidez	20
Custo de Estruturação (anualizado)	10
Reforço de Garantias	10
Custo Final para Cedente	48

FONTE: Crane, D.B. e outros (1996).

A NOVA INDÚSTRIA
DE SERVIÇOS FINANCEIROS

Essas mudanças originaram um processo de reestruturação e consolidação do sistema bancário, do qual a sucessão de fusões e aquisições observadas nos últimos anos constitui a parte mais evidente. Gradativamente, configura-se a criação da moderna indústria de serviços financeiros. Nessa indústria, bancos reposicionados, investidores institucionais, mercados de capitais, mercados de derivativos e uma grande variedade de empresas não financeiras (empresas de *rating*, securitizadoras, consultorias financeiras, etc.) desenvolvem e implementam novos modos de mobilizar e alocar recursos e riscos.

Tipicamente, os mercados de capitais constituem a solução preferida no caso de produtos financeiros padronizados, enquanto os bancos têm melhor desempenho em soluções customizadas ou em casos em que a avaliação e monitoração de riscos oferecem maiores dificuldades.

Embora o desenvolvimento recente dos sistemas financeiros tenha acarretado acentuado crescimento da importância e da escala do mercado de capitais, tudo indica que é importante modernizar e aumentar a eficiência do sistema financeiro como um todo. Mercados de capitais são parte do sistema financeiro. Em estudos internacionais, verifica-se que o mais importante para o crescimento econômico e para o próprio desenvolvimento do sistema financeiro é o desenvolvimento de todos os segmentos do sistema financeiro e não necessariamente uma composição específica em termos de bancos e mercados de capitais.[3, 8, 10, 33]

Além disso, a experiência dos últimos anos fornece razões para acreditar que a existência de um sistema financeiro diversificado — sistema bancário e mercado de capitais ativo — permite minimizar os efeitos e reduzir a duração de crises que venham a afetar um ou outro segmento. Existem indicações de que as economias que dispõem de sistemas financeiros diversificados podem absorver melhor os choques de origem interna ou internacional e minimizar seus impactos sobre o setor real e o crescimento econômico. Greenspan (1999)[17] menciona várias evidências nessa direção.

CAPÍTULO II

Mercado de capitais no Brasil

RETROSPECTO

O SISTEMA FINANCEIRO BRASILEIRO
É POUCO DESENVOLVIDO EM RELAÇÃO
A PADRÕES INTERNACIONAIS

TODOS OS INDICADORES de dimensão do sistema financeiro brasileiro (bancos e mercado de capitais) como proporção do PIB, com exceção dos saldos de dívida pública, são muito inferiores aos dos países desenvolvidos e se situam abaixo de várias economias emergentes da Ásia ou América Latina.[8] Na Figura 3, faz-se uma comparação com grupos de países da América Latina, desenvolvidos e emergentes.

As principais observações são as seguintes:

• O crédito ao setor privado atinge menos de 30% do PIB, contra percentuais de 70% a 125% nos EUA e União Européia e cerca de 55% no Chile.

• A capitalização de mercado, em termos absolutos a maior da América Latina, tem flutuado entre 25% e 40% do PIB nos últimos anos, contra quase 75% no Chile, 50 a 60% nos principais países da Europa continental e mais de 150% nos EUA e Inglaterra.

• A maior defasagem se verifica no saldo de títulos de dívida emitidos pelo setor privado não financeiro (debêntures, *commercial papers*) que representam menos de 4% do PIB de 1997 contra mais de 59% nos EUA[41] em 1995.

FIGURA 3

ESTRUTURA DE SISTEMAS FINANCEIROS
(dezembro 1998)

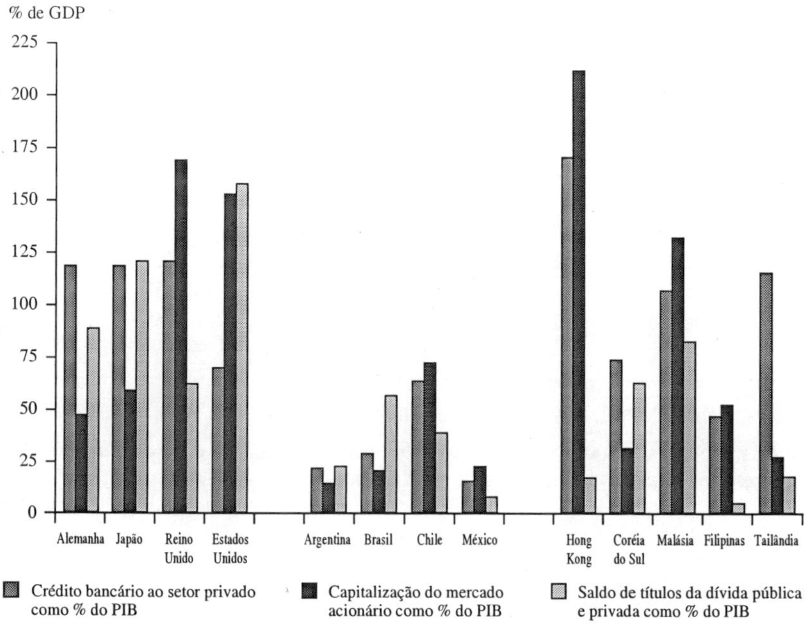

FONTE: Beck, Demirguç-Kunt e Levine (1999).

CLAESSENS, Stijn. Corporate, 2000. *Governance Reform Issues in the Brazilian Equity Markets*. Mimeo.

Na Tabela 3, comparam-se alguns indicadores calculados para o Brasil (em dezembro de 1997) contra países desenvolvidos, conforme apuração feita em 1995. Os ativos privados de mercado de capitais representavam 35,5% do PIB brasileiro, comparativamente a 90,6% na União Européia, 108,4% no Japão e 153,7% nos EUA.

TABELA 3

INDICADORES DO TAMANHO DO MERCADO DE CAPITAIS

	Dez-97	1995		
	BRASIL	UNIÃO EUROPÉIA	JAPÃO	EUA
PIB (US$ bilhões)	804,1	8.427,0	5.114,0	7.253,8
Em % do PIB: Capital. Bursátil	31,8%	44,8%	71,7%	94,5%
Títulos de dívida privados	3,7%	45,8%	36,7%	59,2%
SUB-TOTAL	35,5%	90,6%	108,4%	153,7%
Dívida pública	32,8%	57,1%	67,5%	92,5%
Ativos bancários	47,1%	175,8%	144,3%	68,9%
TOTAL	115,3%	323,5%	320,2%	315,1%

FONTE: Banco Central, Bovespa, Prati e Schinasi, 1996.

ROCCA, C.A. & CARVALHO, A.G., 1999. *Mercado de Capitais e o Financiamento das Empresas Abertas*. Trabalho realizado para a Abrasca.

DESDE 1997, A DÍVIDA EXTERNA É A MAIOR FONTE DE FINANCIAMENTO DO SETOR PRIVADO; COM SUA ESTABILIZAÇÃO A PARTIR DE 1999, O FLUXO DE CRÉDITO DOMÉSTICO ADQUIRE IMPORTÂNCIA

Não são disponíveis dados oficiais relativos às fontes de recursos de financiamento do setor privado. Entretanto, é possível ter uma idéia aproximada de sua composição a partir da evolução dos saldos agregados de algumas das mais importantes operações de captação de recursos utilizadas pelo setor privado.

Nas tabelas a seguir são apresentados os saldos de títulos de dívida de emissão privada no mercado doméstico (debêntures e notas promissórias), saldos de dívida externa privada e de crédito do sistema financeiro a pessoas jurídicas. É necessário fazer duas observações:

• Dadas as enormes flutuações produzidas em 1999, com a desvalorização que se seguiu à adoção do câmbio flutuante, são apresentados os saldos em reais e em dólares.

• Existe dupla contagem nos saldos de dívida externa do setor privado e crédito à pessoa jurídica, correspondente à captação em moeda estrangeira feita pelos bancos e repassada ao setor privado; sua eliminação não foi possível com os dados disponíveis.

TABELA 4

FONTES DE FINANCIAMENTO DO SETOR PRIVADO
(*Saldo US$ milhões*)

	1995	1996	1997	1998	1999	2000
Debêntures 1/	14.241	16.024	18.268	17.100	11.757	13.467
Notas Promissórias 1/	431	449	983	2.050	2.122	1.976
Dívida Externa Setor Privado 2/	56.011	77.442	104.680	129.132	127.935	126.462
Crédito à Pessoa Jurídica 2/	88.433	89.409	91.509	90.990	68.629	83.384
BNDES – memo 3/	8.064	10.868	13.465	22.643	14.316	—

1/ FONTE: Cetip   2/ FONTE: Bacen   3/ FONTE: Bacen — Saldo contábil. Dados de 1999 até agosto.
Dívida Externa Setor Privado 2000 até Junho.

FORMAS DE FINANCIAMENTO DO SETOR PRIVADO
(*Saldo R$ milhões*)

	1995	1996	1997	1998	1999	2000
Debêntures 2/	13.849	16.656	21.263	20.669	21.033	26.333
Notas Promissórias 2/	419	467	1.144	2.477	3.796	3.863
Dívida Externa Setor Privado 2/	54.471	80.493	121.848	156.081	228.876	247.283
Crédito à Pessoa Jurídica 2/	86.001	92.932	102.161	109.980	122.777	163.050
BNDES – memo 3/	7.842	11.296	15.673	27.368	25.611	—

1/ FONTE: Cetip   2/ FONTE: Bacen   3/ FONTE: Bacen — Saldo contábil. Dados de 1999 até agosto.

Dívida Externa Setor Privado 2000 até Junho.
Elaboração: Care Consultores.

Na Tabela 5 pode-se acompanhar a variação dos saldos apresentados anteriormente. No caso de ações, foi incluído o valor das emissões primárias realizadas em cada ano.

TABELA 5

FONTES DE FINANCIAMENTO DO SETOR PRIVADO
(*Variação do Saldo — US$ milhões*)

	1996	1997	1998	1999	2000
Ações 1/	1.152	3.500	3.484	1.459	770
Debêntures 2/	1.784	2.243	(1.167)	(5.343)	1.710
Notas Promissórias 2/	18	534	1.067	72	(146)
Dívida Externa Setor Privado 2/	21.431	27.238	24.452	(1.196)	(1.473)
Crédito à Pessoa Jurídica 2/	976	2.100	(519)	(22.361)	14.756
BNDES – memo 2/	2.804	2.597	9.178	(8.327)	—

1/ Emissões Primárias — FONTE: CVM   2/ Variação do Saldo.

FORMAS DE FINANCIAMENTO DO SETOR PRIVADO
(*Variação do Saldo — R$ milhões*)

	1996	1997	1998	1999	2000
Ações 1/	1.198	4.074	4.211	2.609	1.506
Debêntures 2/	2.807	4.608	(594)	364	5.300
Notas Promissórias 2/	48	678	1.333	1.319	67
Dívida Externa Setor Privado 2/	26.023	41.354	34.234	72.795	18.408
Crédito à Pessoa Jurídica 2/	6.931	9.229	7.819	12.797	40.273
BNDES – memo 2/	3.454	4.377	11.695	(1.757)	—

1/ Emissões Primárias — FONTE: CVM   2/ Variação do Saldo.
Elaboração: Care Consultores.

Apesar das limitações antes mencionadas, pode-se extrair algumas indicações quanto às fontes de financiamento do setor privado nos últimos anos:

• Considerando o saldo das operações analisadas (em R$ ou US$), pelo menos desde 1997 os recursos em moeda estrangeira representam a maior parcela do capital de terceiros utilizado para o financiamento do setor privado; em 1999 seu valor é maior que o dobro do observado em operações de crédito e cerca de dez vezes maior que o saldo total de títulos de dívida colocados no mercado de capitais.

• O exame da variação dos saldos da dívida externa privada (em US$) permite identificar dois períodos distintos, certamente comandados pela disponibilidade e custos do financiamento externo no que se refere às fontes internas.

— No triênio 1996/1998, caracterizado pela política de âncora cambial, a captação anual líquida foi elevada, totalizando cerca de US$ 73 bilhões; na verdade, como evidenciado na Figura 4, observa-se que a captação líquida do setor privado tem sido positiva desde o início da

FIGURA 4

VARIAÇÃO DA DÍVIDA EXTERNA PRIVADA TOTAL
(*US$ milhões*)

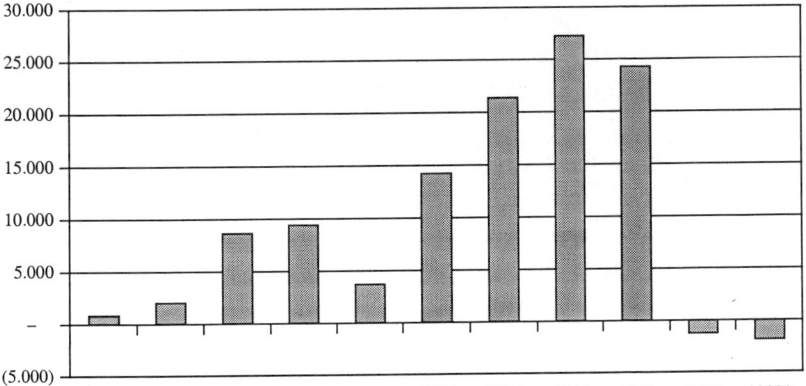

FONTE: BCB   * Dados até junho.

década de 90, acumulando valor aproximado de US$ 120 bilhões entre 1990 e 1998.

• Em 1999 e 2000, o quadro muda radicalmente, após a adoção do câmbio flutuante, a elevação do risco do país e a reduçao posterior das taxas domésticas de juros: o fluxo líquido de operações em moeda estrangeira é negativo (cerca de –US$ 1,2 bilhão em 1999 e –US$ 1,5 bilhão em 2000).

• A mudança de padrão de financiamento observada nos últimos dois anos envolve considerável crescimento de crédito do sistema bancário privado, cujo saldo aumenta em R$ 40,3 bilhões em 2000, de longe o maior crescimento desde 1994 (+ 32,8%); a participação do BNDES nos fluxos líquidos de crédito ao setor privado, próxima de 50% em 1996 e 1997 e em 1998 e ainda maior que a variação total em 1998, se reduz fortemente em 1999, atingindo valores negativos até agosto daquele ano (último dado disponível).

• A captação líquida de recursos no mercado de capitais doméstico (ações e títulos de dívida) foi da ordem de R$ 6 bilhões anuais, em média, entre 1996 e 2001, valor esse bastante inferior ao das outras fontes consideradas; na captação em ações, é interessante notar que o valor anual captado retornou em 2000 a um nível muito baixo e semelhante ao de 1996 (R$ 1,5 bilhão contra R$ 1,2 bilhão em 1996), depois de ter atingido média superior a R$ 4 bilhões em 1997 e 1998.

O CUSTO DOS EMPRÉSTIMOS
TEM SIDO SUPERIOR À TAXA DE RETORNO
DO ATIVO DA MAIORIA DAS EMPRESAS

As Tabelas 6 e 7 foram construídas a partir de estimativas realizadas para 1997 (Rocca e Carvalho, 1999), com base em informações de balanço de empresas privadas de controle nacional, obtidas a partir de amostra constituída das 2.500 maiores empresas, excluídas as estatais e as de capital estrangeiro.

Destacam-se algumas observações:

• Nas empresas de capital aberto, enquanto a estimativa de custo de capital de terceiros variava entre 23,48% e 35,48% a.a. conforme a

TABELA 6
TAXA DE RETORNO DO ATIVO 1997
(*Capital aberto*)

	FREQÜÊNCIA	PORCENTAGEM	PORCENTAGEM CUMULATIVA
x <= 0	77	27,4%	27,4%
0 < x <= 5%	53	18,9%	46,3%
5% < x <= 10%	73	26,0%	72,2%
10% < x <=15%	40	14,2%	86,5%
x >= 15%	38	13,5%	100,0%
TOTAL	281	100,0%	

a. Dados: Austin Asis (1997).

	CUSTO DE CAPITAL DE TERCEIROS			
	Muito Pequeno	2	3	Muito Grande
ABERTO	35,48	28,91	29,75	23,48
	18	33	62	93

TAXA DE RETORNO DO ATIVO 1997
(*Capital fechado*)

	FREQÜÊNCIA	PORCENTAGEM	PORCENTAGEM CUMULATIVA
x <= 0	92	14,9%	14,9%
0 < x <= 5%	239	38,7%	53,6%
5% < x <= 10%	177	28,6%	82,2%
10% < x <=15%	65	10,5%	92,7%
x >= 15%	45	7,3%	100,0%
TOTAL	618	100,0%	

a. Dados: Austin Asis (1997).

	CUSTO DE CAPITAL DE TERCEIROS			
	Muito Pequeno	2	3	Muito Grande
CAPITAL FECHADO	39,45	35,23	24,51	26,05
	80	92	92	78

FONTE: ROCCA, C.A. & CARVALHO, A.G., 1999.

classe de tamanho (medido pelos ativos totais), somente 13,5% das empresas tinham taxa de retorno dos ativos superior a 15% (antes do Imposto de Renda e Contribuição Social).

• Nas empresas fechadas, o custo de empréstimos variava entre 26,05% e 39,45% a.a., e somente 7,3% das empresas tinham taxa de retorno dos ativos superior a 15%.

Na Figura 5, apresenta-se a evolução do custo médio das operações de empréstimo para capital de giro divulgado pelo Banco Central desde outubro de 1996. Verifica-se que, embora declinantes, as taxas se

FIGURA 5

CUSTO MÉDIO DE OPERAÇÕES DE CRÉDITO
(*Capital de giro, conta garantida, vendor, hot money, desconto de duplicadas e desconto de nota promissória*)

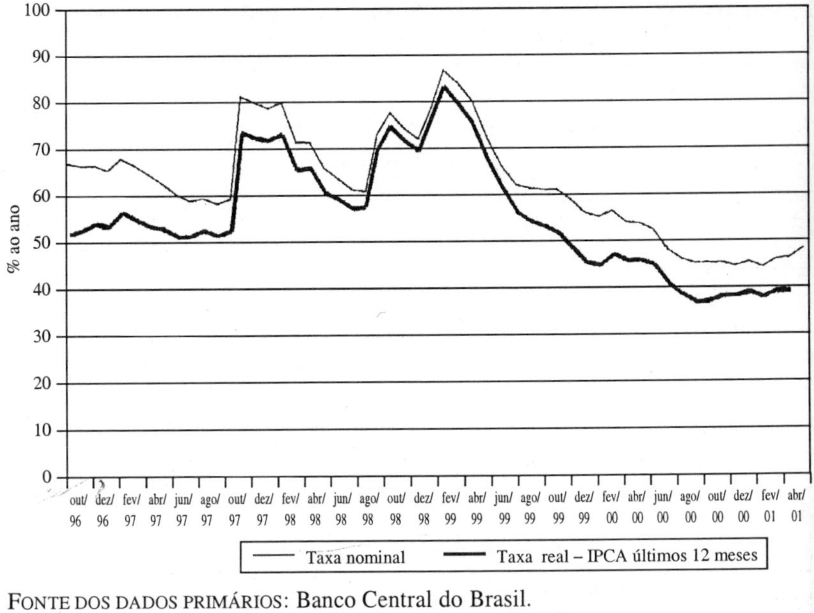

FONTE DOS DADOS PRIMÁRIOS: Banco Central do Brasil.

Média aritmética das taxas mensais atualizadas, ponderada pelo saldo existente de cada modalidade de operação em cada mês. Inclui todas as modalidades de empréstimo a pessoas jurídicas divulgadas pelo Bacen, excluídas apenas as operações destinadas à Aquisição de Bens.

situam em todo o período acima da taxa de retorno do ativo da maioria das empresas.

MERCADO DE AÇÕES:
APÓS CICLO DE CRESCIMENTO INDUZIDO POR ABERTURA, PRIVATIZAÇÃO E ESTABILIZAÇÃO, INDICADORES DÃO SINAIS DE ESTAGNAÇÃO OU RETROCESSO

• *Mercado secundário: parou de crescer:* A liberalização dos fluxos de capital estrangeiro, a privatização e a estabilização ampliaram o mercado secundário de ações na década de 90. A média da capitalização de mercado sobre o PIB no período de 1993 a 1999 foi de 27%, muito superior ao padrão histórico (raramente ultrapassou 10% desde 1980). Entretanto, esse indicador dá sinais de estagnação no final da década, como fica evidenciado na Figura 6.

FIGURA 6

CAPITALIZAÇÃO BURSÁTIL BOVESPA

(Total em US$ milhões e % do PIB 1982/1997 — média móvel 3 anos)

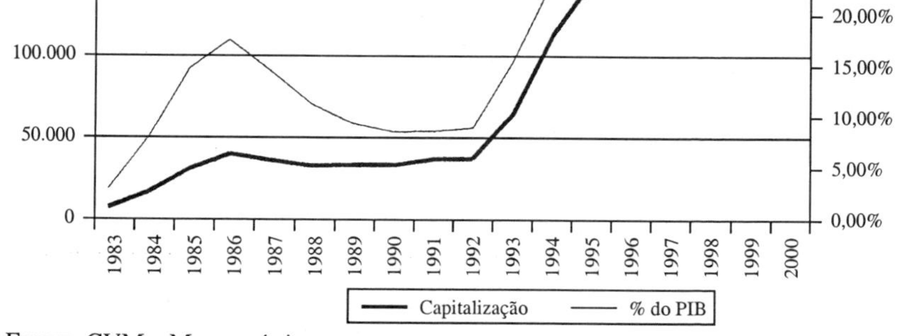

FONTE: CVM e Macrométrica.
ELABORAÇÃO: Care Consultores Associados.

O volume transacionado, que havia crescido acentuadamente desde 1992 e atingido mais de 22% do PIB em 1998, reduziu-se para apenas 16% em 2000.

FIGURA 7

VOLUME DE NEGÓCIOS NAS BOLSAS DE VALORES
(*Total em milhões e % do PIB 1982/1997 — média móvel 3 anos*)

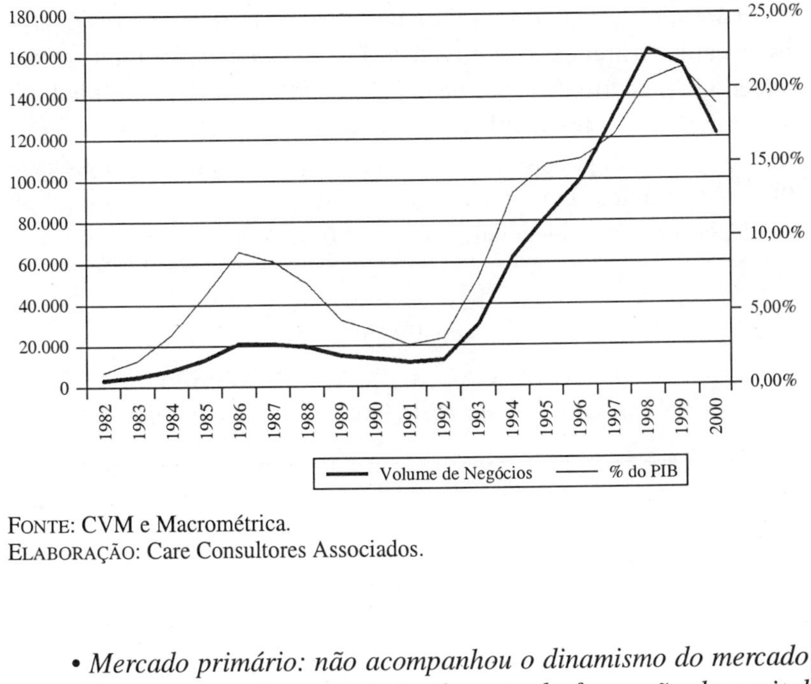

FONTE: CVM e Macrométrica.
ELABORAÇÃO: Care Consultores Associados.

• *Mercado primário: não acompanhou o dinamismo do mercado secundário e representa parcela irrelevante da formação de capital fixo:* No mercado primário, as emissões apenas ultrapassaram o valor de US$ 1 bilhão a partir de 1994, com média de US$ 2,3 bilhões entre 1994 e 1999, atingindo seu valor máximo em 1997 e 1998 (cerca de US$ 3,5 bilhões). Como proporção da formação bruta de capital fixo o total de emissões primárias esteve entre 0,7% e 2,2% no período de 1994 a 1999.

FIGURA 8

EMISSÃO DE AÇÕES COMO PROPORÇÃO DA FORMAÇÃO BRUTA DE CAPITAL FIXO
(*Média móvel 3 anos*)

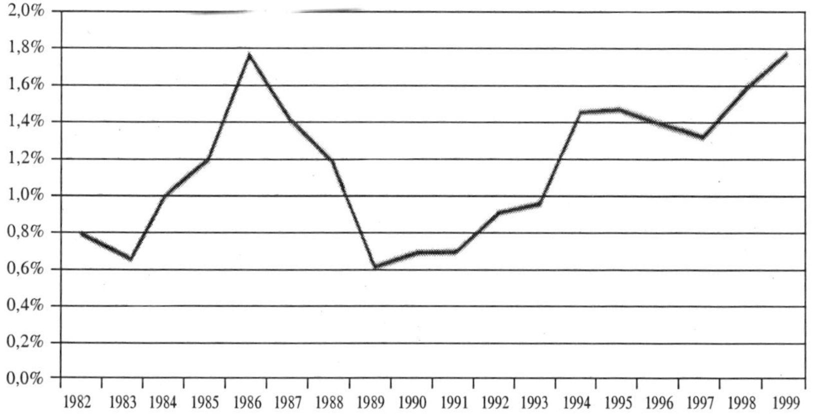

FONTE: CVM.

Numa amostra de 52 países com dados[45] de 1996, o Brasil ocupa o posto 45 quando se toma o valor das emissões primárias como proporção da formação bruta de capital fixo (cerca de 1%). Algumas comparações: África do Sul 30%, Holanda 18%, EUA 17%, Reino Unido 17%, Austrália 15%, República Tcheca 15%, Malásia 14%, Chile 14%, Índia 11%.

A fraqueza do mercado de emissões primárias não só compromete o crescimento do mercado de ações, mas também limita o espaço para o crescimento de fundos de *venture capital*. Jeng e Wells (1998) mostram que numa análise de 15 países, investimentos de *venture capital* são fortemente comandados por IPOs e pela escala dos fundos de previdência privada.[8]

TABELA 7

EMISSÃO DE AÇÕES COMO PROPORÇÃO DA FORMAÇÃO BRUTA DE CAPITAL FIXO
(1996)

PAÍS	EMISSÃO DE AÇÕES SOBRE FORMAÇÃO BRUTA DE CAPITAL	PAÍS	EMISSÃO DE AÇÕES SOBRE FORMAÇÃO BRUTA DE CAPITAL
África do Sul	0,30	França	0,05
Holanda	0,18	Hungria	0,05
Estados Unidos	0,17	Quênia	0,05
Reino Unido	0,17	Alemanha	0,04
Austrália	0,15	Bahrain	0,04
República Tcheca	0,15	Coréia	0,04
Chile	0,14	Noruega	0,04
Malásia	0,14	Sri Lanka	0,04
Índia	0,11	Turquia	0,04
Jordânia	0,11	Dinamarca	0,03
Nova Zelândia	0,10	Finlândia	0,03
Omã	0,10	Grécia	0,03
Canadá	0,09	Irã	0,03
Eslovênia	0,09	Israel	0,03
Marrocos	0,09	Portugal	0,03
Suécia	0,09	Bangladesh	0,02
Filipinas	0,08	Itália	0,02
Indonésia	0,08	Peru	0,02
Nigéria	0,08	**Brasil**	**0,01***
Gana	0,07	Áustria	0,01
Paquistão	0,07	México	0,01
Tunísia	0,07	Polônia	0,01
Bélgica	0,06	Bulgária	0,00
Tailândia	0,06	Eslováquia	0,00
Zimbabue	0,06	Panamá	0,00
Colômbia	0,05	Uruguai	0,00

FONTE: Rajan, Raghuram G. & Zingales, Luigi (1999).
FONTES PRIMÁRIAS: FIBV e FMI (International Financial Statistics).

* Exclui emissão do Banco do Brasil no valor de US$ 8 bi.

CARVALHO, A.G. 2000. "Ascenção e Declínio do Mercado de Capitais no Brasil. A experiência dos anos 90" — Estudos para o Desenvolvimento do Mercado de Capitais, Bovespa, junho/2000 (pp. 24-47).

MERCADO DE CAPITAIS NÃO É
ALTERNATIVA DE CAPTAÇÃO DE RECURSOS
PARA A MAIORIA DAS EMPRESAS

• *Vantagens das empresas abertas: liquidez para os acionistas e captação de recursos:* Numa mostra feita em 43 empresas abertas, questionadas quanto às principais vantagens desse formato, verificou-se que fatores relacionados com a captação de recursos aparecem com maior freqüência em primeiro lugar, com 46,6% (sendo 27,9% via ações e 18,7% via instrumentos de dívida), enquanto que a liquidez para os acionistas vem logo em seguida (41,9% das vezes em primeiro lugar).

TABELA 8

VANTAGENS DAS EMPRESAS ABERTAS

	% PRIM.	% SEXTO
Liquidez para os acionistas	41,9	79,2
Recursos via ações	27,9	76,8
Recursos via debêntures	7,0	62,2
Recursos via *commercial papers*	4,7	67,5
Financiamento externo	4,7	65,3
Menor custo empréstimos bancários	2,3	62,8
Facilidade de sucessão	4,7	53,6
Captação de Recursos	46,6%	

ROCCA, C.A. & CARVALHO, A.G., 1999. *Mercado de Capitais e o Financiamento das Empresas Abertas.* Trabalho realizado para a Abrasca.

• *Poucas empresas abertas conseguem auferir esses benefícios:*

— Apenas um pequeno número de empresas tem liquidez. Na Tabela 9, é possível examinar a distribuição das ações negociadas na Bovespa, classificadas segundo a freqüência nos pregões.

TABELA 9

DISTRIBUIÇÃO DA PRESENÇA EM PREGÃO DOS PAPÉIS NEGOCIADOS NA BOVESPA

(Período 01/09/1999 a 31/08/2000 — 250 dias de Pregão)

Intervalo	Freqüência	Freqüência (%)	Acumulado Crescente	Acumulado Decrescente
1-10	198	28,5%	28,5%	100,0%
11-20	68	9,8%	38,3%	71,5%
21-30	40	5,8%	44,1%	61,7%
31-40	30	4,3%	48,4%	55,9%
41-50	14	2,0%	50,4%	51,6%
51-60	17	2,4%	52,9%	49,6%
61-70	29	4,2%	57,1%	47,1%
71-80	10	1,4%	58,5%	42,9%
81-90	18	2,6%	61,1%	41,5%
90-100	13	1,9%	63,0%	38,9%
101-110	9	1,3%	64,3%	37,0%
111-120	12	1,7%	66,0%	35,7%
121-130	12	1,7%	67,7%	34,0%
131-140	9	1,3%	69,0%	32,3%
141-150	8	1,2%	70,2%	31,0%
151-160	9	1,3%	71,5%	29,8%
161-170	9	1,3%	72,8%	28,5%
171-180	8	1,2%	73,9%	27,2%
181-190	9	1,3%	75,2%	26,1%
191-200	10	1,4%	76,7%	24,8%
201-210	8	1,2%	77,8%	23,3%
211-220	13	1,9%	79,7%	22,2%
221-230	13	1,9%	81,6%	20,3%
231-240	12	1,7%	83,3%	18,4%
241-249	56	8,1%	91,4%	16,7%
250	60	8,6%	100,0%	8,6%

Fonte: Bovespa.

No período de 250 dias úteis, entre setembro de 1999 e agosto de 2000, apenas 60 ações (8,6% do total de 696 consideradas) foram transacionadas nos 250 dias. Mais da metade dos papéis (cerca de 53%) foi transacionada em apenas 60 dias de pregão ou menos, ou seja, no máximo em 24% dos pregões.

— A grande maioria das empresas tem baixa valorização, elevado custo de capital próprio. Usando alguns indicadores tradicionais de valorização das empresas em bolsa, verificam-se padrões baixos de valorização, muito inferiores aos observados internacionalmente.

Numa amostra de 197 ações da Bovespa no período de 1995 a 1997, apenas 35 companhias (18,7% da amostra) tinham P/L superior à média (15,5), enquanto que cerca de 3/4 (146 empresas) apresentavam P/L inferior a 9 e para 100 empresas esse indicador era inferior a 6. Para fins comparativos, convém lembrar que o P/L médio da Bolsa de Nova York (SP 500) era da ordem de 21 naquele período.

FIGURA 9

DISTRIBUIÇÃO DE P/L MÉDIO DE 1995 A 1997 DE 197 PAPÉIS
Mediana do P/L = 5,99
Mediana do P/L do Ibovespa = 7,27

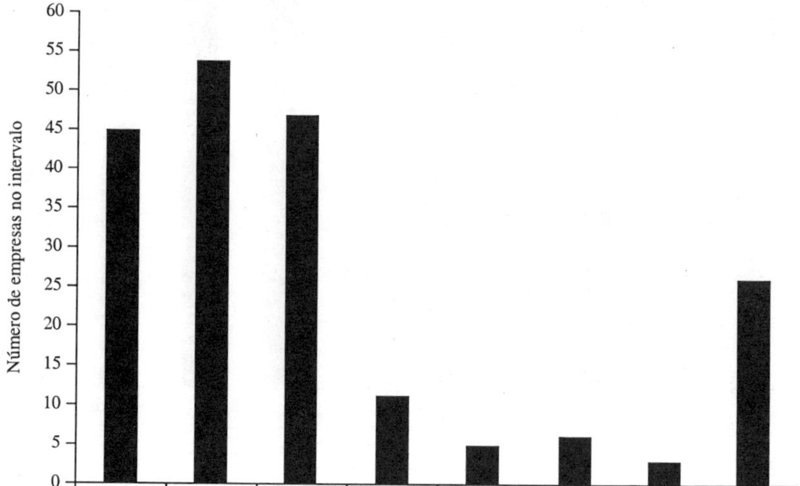

Intervalo de P/L	0-3	3-6	6-9	9-12	12-15	15-18	18-21	21 ou mais
% ac. papéis	22.8	50.2	74.1	79.7	82.2	85.2	86.7	100.0

Intervalo de P/L

FONTE: Bovespa.
ROCCA, C.A. & CARVALHO, A.G., 1999. *Mercado de Capitais e o Financiamento das Empresas Abertas*. Trabalho realizado para a Abrasca.

Examinando-se a relação preço/valor patrimonial numa amostra de 332 papéis, no período de 1995 a 1997, verifica-se que 78,3% (260 papéis) foram transacionados abaixo de seu valor patrimonial. Em mais da metade dos casos (53,6%) a cotação era inferior à metade do valor patrimonial.

Esses indicadores refletem custos de capital próprio extremamente elevados, como apresentado na Figura 10.

FIGURA 10

DISTRIBUIÇÃO ACUMULADA DO PREÇO
POR VALOR PATRIMONIAL
AMOSTRA DE 332 PAPÉIS
(*Valor médio 1995-1997*)

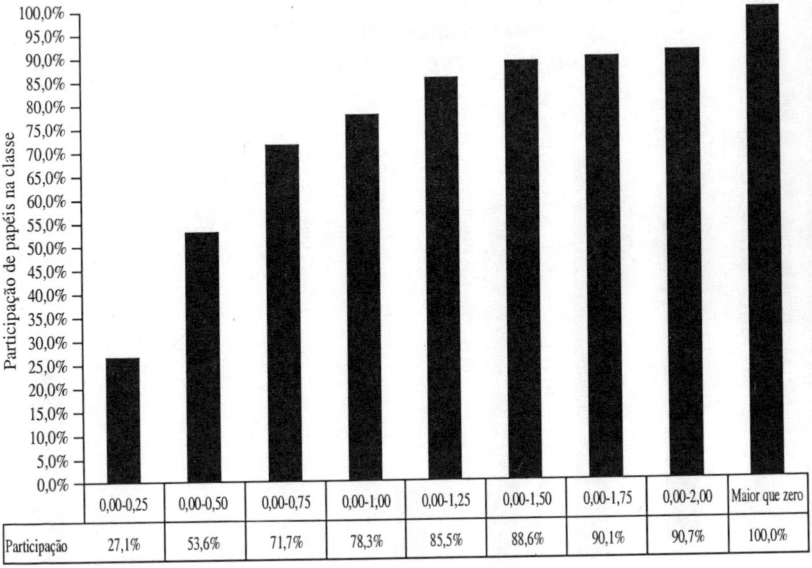

	0,00-0,25	0,00-0,50	0,00-0,75	0,00-1,00	0,00-1,25	0,00-1,50	0,00-1,75	0,00-2,00	Maior que zero
Participação	27,1%	53,6%	71,7%	78,3%	85,5%	88,6%	90,1%	90,7%	100,0%

Classe de preço por valor patrimonial

FONTE: Bovespa.
ROCCA, C.A. & CARVALHO, A.G., 1999. *Mercado de Capitais e o Financiamento das Empresas Abertas*. Trabalho realizado para a Abrasca.

• *O custo de capital de terceiros de empresas abertas, embora elevado, é menor que o de empresas fechadas:* Apesar da pequena proporção de empresas abertas que conseguem auferir os benefícios esperados do mercado de capitais, os dados sugerem que essas empresas se beneficiam de menores custos de empréstimos bancários.

Em amostra de 548 empresas privadas de controle nacional, extraída das 2.500 maiores empresas (cadastro Austin Asis), verifica-se que a estimativa de custo médio de seu passivo oneroso era inferior ao das empresas fechadas. O resultado obtido para 342 empresas fechadas em 1997 (relação entre despesas financeiras em 1997/saldo médio de capital de terceiros 1996-1997) foi da ordem de 36%, contra 30,4% das 206 empresas abertas consideradas no estudo.[47] Resultados análogos foram obtidos para uma outra amostra, relativa ao exercício de 1996.[48]

Esse diferencial favorável às empresas abertas aparece em quase todas as classes de tamanho consideradas nos dois exercícios analisados. Organizando a amostra de 1996 em quartis, verifica-se que o indicador de custo do passivo oneroso de empresas abertas oscilou entre 39% e 60% do observado para as empresas fechadas.

TABELA 10

CUSTO DE CAPITAL DE TERCEIROS*
(*Despesas financeiras / Passivo oneroso*)

CAPITAL	TAMANHO POR ATIVO			
	1° quartil	2° quartil	3° quartil	4° quartil
FECHADO	100,0% (109)	62,21% (93)	78,11% (54)	28,29% (52)
ABERTO	38,56% (28)	· 39,48% (47)	31,32% (92)	17,07 (98)

* Valor em parênteses representa o número de casos da amostra na categoria.

ROCCA, C.A. & CARVALHO, A.G. & SILVA M. E. 1998. *Sistema Financeiro e Crescimento Econômico.* Trabalho realizado para a Bovespa.

Para 1997 foram consideradas oito classes de tamanho. Em seis dessas classes constata-se que o indicador de custo das empresas abertas é inferior ao das fechadas, num intervalo que vai de 79% a 98% do observado para as empresas fechadas.

TABELA 11

TAMANHO POR ATIVO

CAPITAL	MUITO PEQUENO	2	3	4	5	6	7	MUITO GRANDE
FECHADO	42,20% 37	37,08% 43	35,70% 44	34,79% 48	28,69% 54	18,58% 38	27,12% 38	25,03% 40
ABERTO	33,46% 6	36,49% 12	30,38% 18	27,15% 15	23,80% 23	33,26% 39	27,24% 34	21,31% 59

FONTE: ROCCA, C.A. & CARVALHO, A.G., 1999. *Mercado de Capitais e o Financiamento das Empresas Abertas.* Trabalho realizado para a Abrasca.

• *O número de empresas abertas apresenta-se em queda desde 1980:* Os dados relativos à evolução do número de empresas abertas revelam tendência de queda acentuada nos últimos anos.

Segundo os dados do cadastro da CVM, de 1.075 empresas abertas que existiam em média no período 1980-84, o número caiu para 850 no período 1990-95.

Os dados brutos da CVM indicam uma aparente recuperação no período de 1995 a 1998, para 1.047 empresas. Entretanto, uma análise mais detalhada[47] permite verificar que nesse período o saldo de empresas abertas do setor produtivo se reduziu em 34 empresas. Nessa análise foram desconsideradas as empresas registradas sem emissões ou com emissões irrelevantes (abaixo de R$ 1 milhão), as empresas de *leasing* e de securitização e as registradas com o objetivo exclusivo de participação no processo de privatização.[47]

Os dados relativos ao número de empresas listadas na Bovespa apresentam um padrão histórico diferenciado, confirmando, entretanto, a tendência negativa atual. Depois de apresentar crescimento ao longo

FIGURA 11

NÚMERO DE EMPRESAS ABERTAS

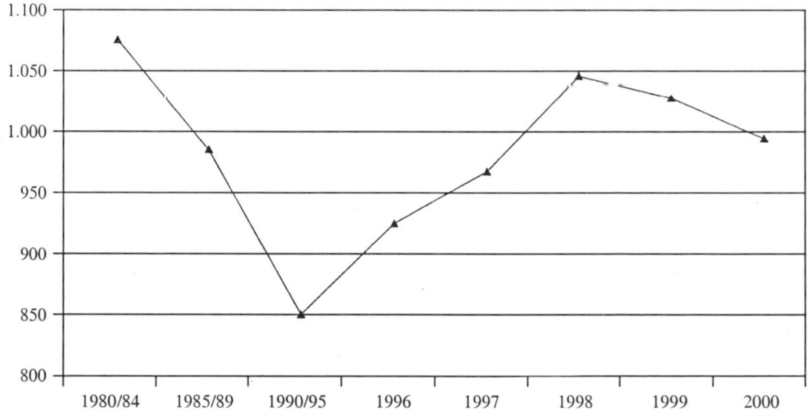

FONTE: CVM.
ELABORAÇÃO: Care Consultores Associados.

FIGURA 12

COMPANHIAS LISTADAS — BOVESPA

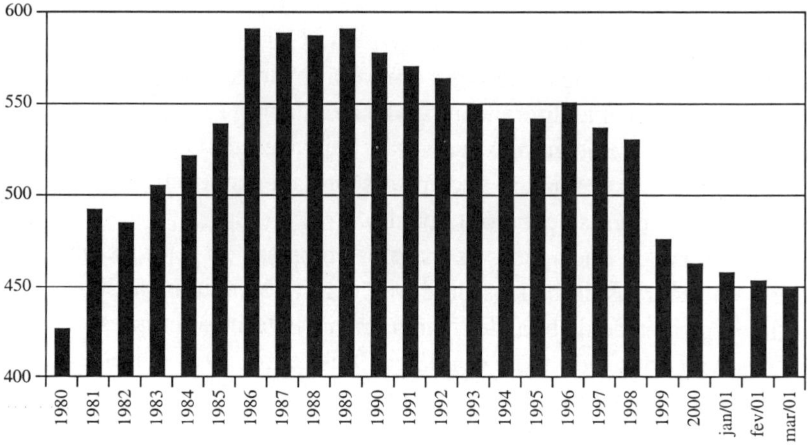

FONTE: Bovespa.
ELABORAÇÃO: Care Consultores.

da década de 80, o número de empresas listadas se mantém em queda até os dias atuais.

SOMENTE UM PEQUENO NÚMERO DAS MAIORES E MELHORES EMPRESAS TEM ACESSO A CONDIÇÕES RAZOÁVEIS DE FINANCIAMENTO

Paralelamente à constatação de que o mercado de capitais não é utilizado pela grande maioria das empresas, verifica-se que somente um número limitado de empresas abertas de maior tamanho tem tido acesso a condições mais favoráveis de financiamento.

Dependendo das condições do mercado doméstico e internacional, essas empresas acessam o mercado internacional de capitais, captam recursos junto ao BNDES ou ainda fazem emissões primárias no mercado doméstico de capitais.

Não existem dados consolidados de uma única fonte que permitam demonstrar plenamente a proposição acima. Entretanto, várias indicações disponíveis apontam nesse mesmo sentido, como se verá a seguir.

• *O acesso a fontes de recursos de bancos e mercado de capitais é quase exclusivo das maiores empresas:* Como já foi mencionado antes, o acesso a fontes externas à empresa (bancos e mercado de capitais) é extremamente diferenciado. Mesmo quando se examina a questão numa amostra de empresas abertas, cujo acesso a recursos é relativamente melhor, verifica-se enorme disparidade, concentrando-se esse acesso nas empresas de maior tamanho.

Observa-se que apenas as maiores empresas do setor formal têm acesso a recursos de bancos ou do mercado de capitais; a Figura 13 reflete a proporção do total de financiamento externo às empresas (operações bancárias e do mercado de capitais) entre 1994 e 1998, numa amostra de 156 a 170 empresas abertas, estratificada em cinco classes de tamanho (quintis).

Mesmo nesse subconjunto de empresas, que por serem abertas e relativamente maiores têm melhor acesso a recursos, verifica-se que apenas no último quintil, constituído dos 20% de empresas maiores, esses recursos representam cerca de 70% dos recursos totais. Nas três primeiras classes de tamanho, a proporção de recursos captados de fontes externas é inferior a 10% dos recursos totais e no penúltimo quintil atinge cerca de 20%. Trata-se, portanto, de níveis de alavancagem especialmente baixos, em que as empresas se financiam basicamente a partir de lucros retidos.

FIGURA 13

CONCENTRAÇÃO DE RECURSOS EXTERNOS
DE FINANCIAMENTO ENTRE EMPRESAS
(*Porcentagem de recursos externos totais para quintis
de tamanho das empresas*)

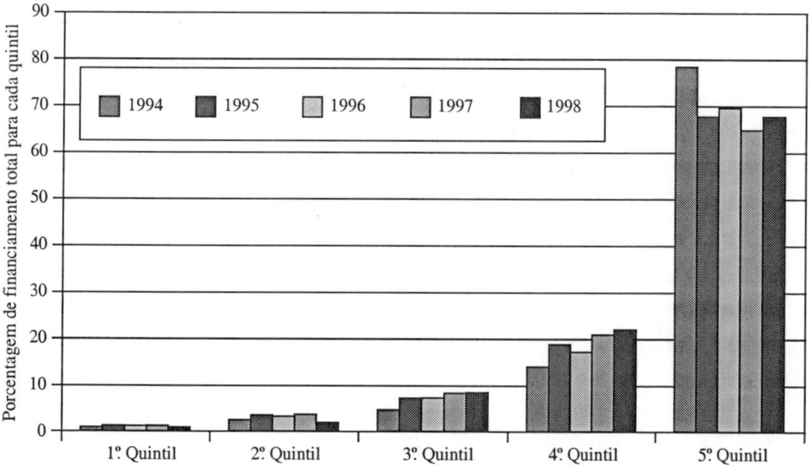

FONTE: 156 a 170 empresas listadas em Bolsa; baseado em dados do *Worldscope* agrupados por tamanho em cinco quintis.

ELABORAÇÃO: Stijn. Corporate, 2000. *Governance Reform Issues in the Brazilian Equity Markets.* Mimeo.

• *A concentração do mercado é elevada:* No volume de transações, numa comparação internacional com 41 países no período 1996-98 (fonte: FIBV), a Bovespa ocupa a sexta posição dentre as mais concentradas da amostra. O volume de transação das maiores empresas (5%) representa 75,7% do valor transacionado total.

Indicações semelhantes são obtidas a partir da capitalização de mercado. O mesmo segmento de empresas representava 64,2% do total em 1999.

• *No mercado primário verifica-se acentuado crescimento do valor médio das emissões:* Existem indicações de que o mercado tem migrado continuamente para as empresas e emissões de maior porte.

No mercado primário, o valor médio das emissões cresceu de modo considerável entre 1994 e 1999: simultaneamente à queda do número de operações, de 46 para 10, o valor médio por emissão se elevou de R$ 49,1 milhões para cerca de R$ 160 milhões no triênio 1997/1999.

TABELA 12

MERCADO PRIMÁRIO — VALOR MÉDIO
DAS EMISSÕES: 1993-1999

Ano	Ações		Debêntures	
	Número de Emissores no Ano	Emissão Média (US$ milhões)	Número de Emissores no Ano	Emissão Média (US$ milhões)
1993	25	33,6	43	89,4
1994	46	49,1	38	86,9
1995	27	78,2	82	92,4
1996	23	50,1	86	96,4
1997	22	159,1	57	121,4
1998	20	174,2	57	152,2
1999	10	145,9	36	100,6

Fonte: CVM.

Carvalho, A.G. 2000. "Ascenção e Declínio do Mercado de Capitais no Brasil. A experiência dos anos 90" — Estudos para o Desenvolvimento do Mercado de Capitais, Bovespa, junho/2000 (pp. 24-47).

• *ADRs: vantagens para as empresas e migração de liquidez para bolsas internacionais:* Entre 1994 e 1998 o número de empresas que executou programas de ADR é maior que o de emissões primárias no mercado doméstico. Entre 1994 e 1998 foram implementados 57 programas, número superior ao de emissões primárias no mercado doméstico no mesmo período (apenas 41, computando 24 em bolsas e 17 no mercado de balcão).[47]

A experiência dos programas de ADR contém lições extremamente relevantes:

1) Além da colocação de seus papéis à disposição de investidores em outros mercados, a conformidade dessas empresas com regras de governança e *disclosure* mais exigentes tem produzido impacto significativo sobre a atratividade de suas ações no mercado, gerando sua valorização (redução de custos de capital próprio) e aumento de liquidez.

2) Existem evidências consideráveis no sentido de que as companhias que adotaram programas de DR têm se beneficiado em termos de liquidez e custo de capital próprio (P/L). Trata-se de efeito que, em princípio, pode estar relacionado com vários fatores:

— A aprovação de programas de ADR requer um grau de abertura de informações superior àquele utilizado no mercado doméstico, induzindo a uma avaliação de risco mais baixa.

— A ampliação da base de investidores e acionistas aumenta a visibilidade das companhias, com impactos positivos sobre a liquidez.

— A negociação dos papéis dessas companhias por intermédio de ADRs provoca um processo natural de arbitragem, com reflexos instantâneos no mercado doméstico.

Recente trabalho de pesquisa[49] analisou o desempenho de ações de 31 empresas brasileiras que implementaram 38 programas de ADR. Foram montadas carteiras e analisadas a rentabilidade, liquidez e o volume de negócios para 250 dias úteis antes da emissão e 250 dias úteis após. As mesmas características foram pesquisadas para as ações individuais. Os resultados indicam o seguinte:

CUSTO DE CAPITAL: existem claras evidências de redução do custo de capital; dos 38 programas, 23 apresentaram queda na rentabilidade; a rentabilidade da carteira após a adoção dos programas de ADR cai acentuadamente em termos de retornos diários (de 0,8974% para 0,0189 %); além dos fatores mencionados, atribui-se esse resultado ao fato de que as empresas adotam esses programas em momentos de excelente desempenho, quando, com toda a probabilidade, seus índices de preço/lucro no mercado doméstico seriam os mais favoráveis para emissões primárias.

LIQUIDEZ: dos 38 programas, 22 apresentaram melhoria de liquidez, sendo que em alguns casos (Telebrás, Usiminas e Celesc PNB) o aumento foi excepcional; o índice de liquidez da carteira de ações de empresas emissoras de ADR aumentou 17% no período posterior à emissão.

VOLATILIDADE: dos 38 programas, 33 apresentaram volatilidade inferior no período subseqüente à emissão, e as carteiras de ações com programas de ADR apresentaram redução de 35% na volatilidade.

VOLUME DE NEGÓCIOS: verificou-se que dos 38 programas analisados, 20 apresentaram aumento no índice de volume negociado em relação ao volume total do Ibovespa; houve crescimento de 25% em média do volume de negócios no mercado doméstico para as ações com programa de ADR; no caso específico de ações da Telebrás, em todos os programas de ADR, foi observado aumento de 30% no volume de negócios no mercado doméstico no período seguinte ao programa.

Por fim, é relevante notar que apenas um pequeno número desses programas implicou diretamente na captação de recursos adicionais no exterior, sendo a maior parcela tão-somente um modo de ampliar a base de acionistas e adquirir visibilidade internacional. Na maioria das vezes, as empresas com programas de ADR auferiram benefícios de maior *disclosure* mediante a colocação de títulos de dívida (bônus e *notes*) não diretamente relacionados com os respectivos programas.

A experiência observada com os programas de ADR pode conter elementos importantes para a formulação de expectativas quanto aos resultados potenciais de iniciativas recentes da Bovespa relacionadas com a criação do Novo Mercado.

Dentre outras observações, a experiência com os programas de ADR mostra que mesmo envolvendo custos mais elevados que o de emissões primárias e a necessidade de adaptação a regras que exigem maior transparência e até novos padrões de governança corporativa, muitas empresas se dispuseram a implementar esses programas. Uma hipótese que parece ser a mais provável é a de que essas empresas se convenceram de que esse era um meio eficaz para auferirem benefícios concretos e substanciais em termos de maior liquidez e redução de custos de capital.

Se essa for a hipótese correta, são bastante positivas as perspectivas de desenvolvimento do Novo Mercado (além dos Níveis I e II), na medida em que as empresas que aderirem venham a auferir os referidos benefícios. Aparentemente, existe um considerável número de empresas dispostas a se ajustar, investir recursos e superar inclusive fatores de natureza cultural, para capturar essas vantagens em termos de custo de capital e liquidez. Como se viu, pelo menos até o momento, a grande maioria das empresas abertas não consegue extrair benefícios dessa natureza no mercado doméstico de capitais.

Paralelamente a esses efeitos positivos para as empresas, a difusão dos programas de ADR tem sido acompanhada de acentuada migração da liquidez desses papéis para bolsas internacionais, movimento esse para o qual a CPMF é certamente fator fundamental. Na Figura 14, verifica-se a intensidade da transferência de volume transacionado nos últimos anos.

FIGURA 14

VOLUME DE TRANSAÇÕES — ADR (%)

(*Bovespa x EUA*)

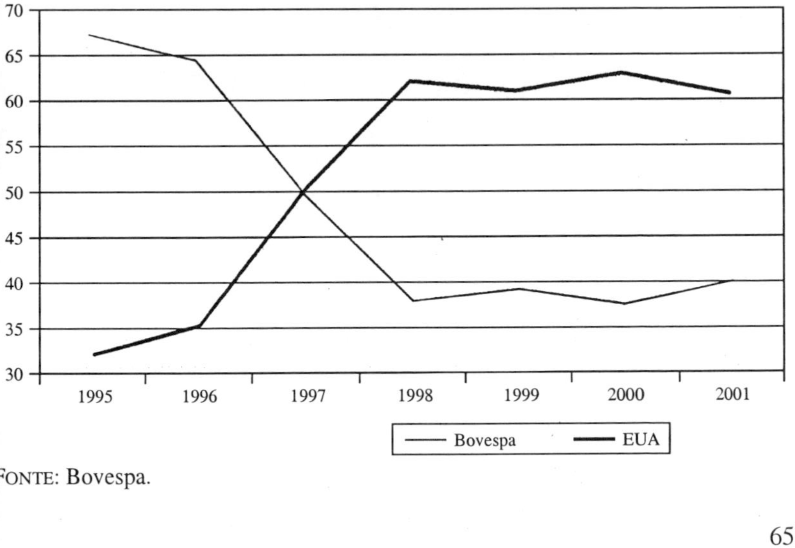

FONTE: Bovespa.

• *A concentração de propriedade e do voto é elevada:* Numa amostra de 225 empresas privadas abertas (dados CVM) verifica-se que a estrutura de propriedade direta no Brasil tem uma proporção significativa de propriedade por empresas não financeiras: 53% dos direitos de voto e 35% dos direitos de propriedade (sobre dividendos).

Entretanto, muitas dessas empresas não financeiras são proprietárias intermediárias — mais da metade (51%) de todas as firmas no Brasil é controlada por pessoas físicas, seguidas de estrangeiros (14,7%) e instituições financeiras e investidores institucionais domésticos (bancos, fundos de pensão e seguradoras). Essa concentração de propriedade é ajudada pelo largo uso de ações preferenciais, sem direito a voto (até 2/3); somente 11% das companhias não emitiram ações preferenciais; 27% atingiram o limite de 2/3, e a média de ações preferenciais é de 46%; para as maiores companhias a percentagem de ações preferenciais é ainda maior.[26]

• *O controle de voto é concentrado:* Os dados do Cadastro da CVM, relativos à percentagem de ações ordinárias de posse de acionistas que participam do grupo controlador (inclusive mediante acordo de acionistas) e detêm mais de 5% dessas ações, revelam um grau de concentração de voto ainda maior que o de propriedade.

TABELA 13
PORCENTAGEM DE AÇÕES ORDINÁRIAS COM ACIONISTAS QUE DETÊM MAIS DE 5% DAS AÇÕES

	FREQÜÊNCIA	PORCENTAGEM	PORCENTAGEM CUMULATIVA
de 90% a 100%	327	45,2	45,2
de 80% a 90%	109	15,1	60,3
de 70% a 80%	78	10,8	71,1
de 60% a 70%	71	9,8	80,9
de 50% a 60%	115	15,9	96,8
até 50%	23	3,2	100,0
TOTAL	723	100,0	
Sem informação	10		

Pode-se fazer as seguintes observações:

— Embora legalmente o grupo controlador possa dispor de menos de metade das ações com direito a voto, essa ocorrência é extremamente rara no Brasil; apenas 23 companhias (3,2% do total) se encontram nesta situação.

— Em 80,9% das companhias (585 num total de 723), o grupo controlador detém mais de 60% das ações ordinárias, sendo que em 60,3% dos casos esse percentual é superior a 80%.

Tomando a proporção de ações ordinárias possuídas por todos os acionistas com 5% ou mais de ações ordinárias, participantes ou não do grupo controlador, pode-se capturar situações em que, embora o controle seja possuído por um número pequeno de acionistas, o mesmo não é formalizado em acordo de acionistas registrado na CVM. Os dados são os seguintes:

Verifica-se que os indicadores de concentração crescem acentuadamente. Por exemplo, a porcentagem de empresas em que esses acionistas detêm mais de 60% das ações votantes se eleva de 80,9% para 94,3%.

TABELA 14

PORCENTAGEM DE AÇÕES ORDINÁRIAS COM ACIONISTAS QUE DETÊM MAIS DE 5% DAS AÇÕES ORDINÁRIAS

	FREQÜÊNCIA	PORCENTAGEM	PORCENTAGEM CUMULATIVA
de 90% a 100%	483	66,8	66,8
de 80% a 90%	116	16,0	82,8
de 70% a 80%	50	6,9	89,8
de 60% a 70%	33	4,6	94,3
de 50% a 60%	26	3,6	97,9
até 50%	15	2,1	100,0
TOTAL	723	100,0	
Sem informação	10		

O número de companhias com controle pulverizado é insignificante. Na Tabela 15 é apresentada a distribuição de freqüência das empresas em função do percentual de ações ordinárias de propriedade de acionistas com menos de 5% de ações votantes. Do total de companhias com informações (723), em apenas 14 delas (ou 1,9%) o total de ações possuídas por acionistas com menos de 5% de ações votantes é superior a 50%.

A concentração do controle acionário é elevada no Brasil, assemelhando-se mais ao observado na Europa (em especial na Alemanha) que nos EUA. Os dados abaixo permitem uma comparação significativa.

TABELA 15

CONCENTRAÇÃO DA PROPRIEDADE
NA ALEMANHA, JAPÃO E ESTADOS UNIDOS
PORCENTAGEM (X) DO CAPITAL VOTANTE
CONTROLADO PELO MAIOR ACIONISTA

	EUA (1994)	ALEMANHA (1994)	JAPÃO (1995)
0 a 10%	66,0	3,2	61,1
10 a 25	17,4	6,9	21,3
25 a 50	13,0	16,7	12,9
50 a 75	2,1	31,9	4,7
75 a 100	1,5	41,3	—

FONTE: Dietl, Helmut M. *Capital Markets and Corporate Governance in Japan, Germany and the United States*. 1998/12/21 — (p. 124).

— Informação para a Alemanha baseada nas 550 maiores cias. abertas e fechadas.
— Informação para o Japão baseada em todos os 1.321 kabushiki-kaisha japoneses listados nas Bolsas de Valores de Tóquio, Osaka e Nagoya.
— Informação para os EUA baseada em todas as corporações americanas listadas na S&P500, S&PmidCap400 e S&P SmallCap600.

Revista Abrapp, Ano XVIII, n. 245 — Julho de 1998 (p. 15).

Nos EUA em apenas 3,6% das empresas existe um acionista que detém mais de 50% das ações com direito a voto, ou seja, em 96,47% das empresas não existe um acionista individual controlador. Pelo contrário, na Alemanha, em 73,2% das empresas existe um acionista que detém mais de 50% das ações com direito a voto; assim, em apenas 26,8% das empresas não existe controlador individual.

No Brasil, o quadro é diferente quando se trata de ações sem direito a voto. Verifica-se que em apenas 1/3 das companhias (34,8%), acionistas controladores detêm mais de 5% das ações ordinárias e possuem mais de 50% das ações preferenciais.

TABELA 16

PORCENTAGEM DE AÇÕES PREFERENCIAIS
COM CONTROLADORES QUE DETÊM MAIS DE 5%
DAS AÇÕES ORDINÁRIAS

	Freqüência	Porcentagem	Porcentagem cumulativa
de 90% a 100%	63	11,9	11,9
de 80% a 90%	39	7,3	19,2
de 70% a 80%	22	4,1	23,4
de 60% a 70%	30	5,6	29,0
de 50% a 60%	31	5,8	34,8
de 40% a 50%	27	5,1	39,9
de 30% a 40%	33	6,2	46,1
até 30%	286	53,9	100,0
Total	531	100,0	
Sem informação	11		
Sem preferenciais	191		

Títulos de dívida privados: mercado pequeno

• *Mercado secundário pequeno: estoque de apenas 2,7% do PIB em 2000:* O mercado secundário de papéis de renda fixa emitidos por empresas não financeiras tem pequena escala, quando comparado com padrões internacionais.

Dados da Cetip, relativos ao estoque de debêntures, notas promissórias e *export notes* de emissão pública mostram que seu valor atinge R$ 27,2 bilhões em março de 2000, representando 2,6% do PIB, o que se compara com cerca de 60% do PIB de títulos de dívida privados nos EUA. O estoque de debêntures se mantém relativamente estável desde meados de 1998 até o início de 2000 (no intervalo de 25 a 30 bilhões)

FIGURA 15

ESTOQUE DE DEBÊNTURES, NOTAS PROMISSÓRIAS
E EXPORT NOTES — CETIP

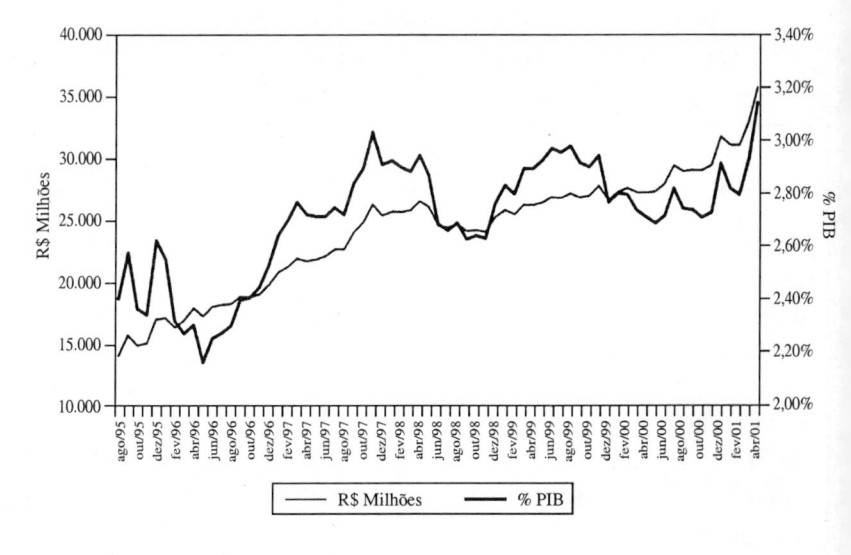

• *As novas emissões são relativamente pequenas:* Mercado primário. O volume total de emissões de debêntures observadas nos últimos anos (US$ 6,4 bilhões ou 4,2% do PIB, média entre 1993 e 1999) não tem apresentado tendência ao crescimento, embora esteja consideravelmente acima da média observada no período de 1980 a 1993, que foi de apenas US$ 1,1 bilhão.

• *Securitização de recebíveis e hipotecas: apenas no início:* A legislação do Sistema Financeiro Imobiliário (Lei 9514 de 20/11/97) data de 1997, na qual a securitização é o mecanismo básico de captação de recursos para financiamento habitacional. Por sua vez, os maiores bancos privados associados a bancos oficiais criaram a Cibrasec, empresa destinada à securitização de hipotecas. Entretanto, as taxas de juros elevadas e a ausência de um mercado secundário organizado têm limitado essas operações a um valor pequeno.

TABELA 17
EMISSÃO DE DEBÊNTURES

	SIMPLES	CONVERSÍVEIS	TOTAL	FBCF (US$ bilhões)	EMISSÕES FBCF (%)
1980	138	150	288	57.067	0,5%
1981	1.452	283	1.735	63.239	2,7%
1982	1.395	357	1.752	61.387	2,9%
1983	176	520	696	34.828	2,0%
1984	104	195	299	33.455	0,9%
1985	70	45	115	43.047	0,3%
1986	42	97	139	51.670	0,3%
1987	3	24	27	65.427	0,0%
1988	2.625	628	3.253	74.363	4,4%
1989	735	750	1.485	111.726	1,3%
1990	806	110	916	94.644	1,0%
1991	971	40	1.011	80.199	1,3%
1992	284	55	339	73.333	0,5%
1993	3.314	529	3.843	89.574	4,3%
1994	1.430	1.874	3.304	120.270	2,7%
1995	5.963	920	7.574	157.235	4,8%
1996	7.062	1.333	8.289	162.240	5,1%
1997	5.571	1.477	6.922	174.000	4,0%
1998	5.660	3.014	8.674	165.021	5,3%
1999	2.759	862	3.621	118.640	3,1%

FONTE: CVM.

Até o início de 2001 o valor dessas operações de securitização atingiu apenas R$ 244 milhões. Deve-se notar que o tamanho do mercado desses papéis (asset backed securities) corresponde a cerca de 17% do PIB nos EUA e tem apresentado crescimento explosivo na União Européia, com destaque para a Alemanha. Na Tabela 18, são apresentadas as operações da Cibrasec desde o início de 1999.

TABELA 18
CIBRASEC – OPERAÇÃO DE SECURITIZAÇÃO
DE RECEBÍVEIS HIPOTECÁRIOS

Ident.	Emissão	Valor (R$)	Qtde.	Valor Nominal (R$ mil)	Atual Monet.	Prazo (Meses)	Amortização	Regime Fiduc.
A001	12/01/99	10.900.000,00	35	311.428,60	TR	24	Mensal	Não
A002	29/04/99	2.000.000,00	5	400.000,00	TR	24	Mensal	Não
B001	01/09/99	10.000.000,00	25	400.000,00	TR	24	Mensal	Sim[1]
B002	23/11/99	100.000.000,00	250	400.000,00	TR	132	Mensal	Sim[1]
B003	27/12/99	50.000.000,00	125	400.000,00	TR	36	Mensal	Sim[1]
B004	09/09/00	55.000.000,00	110	500.000,00	TR	24	Trimestral	Não
B005	15/02/01	16.500.000,00	55	300.000,00	TR	135	Mensal	Não

[1] CRIs emitidos com *Regime Fiduciário*, sendo o agente fiduciário a *Oliveira Trust*.

FONTE: Cibrasec.

INSTITUCIONALIZAÇÃO DA POUPANÇA
APRESENTA CRESCIMENTO ACELERADO

O segmento de investidores institucionais — fundos de pensão, fundos mútuos de investimentos e seguradoras — tem crescido acentuadamente. Os ativos consolidados de fundos de pensão e fundos de investimento, cujos dados são disponíveis, atingiram cerca de 33% do PIB no início de 2001, contra menos de 20% no início de 1996.

A carteira de ativos financeiros dos investidores institucionais concentra recursos em títulos públicos (58% em 2000). Os valores aplicados em títulos de dívida do setor privado representam apenas 7,5%, sendo majoritariamente representados por CDBs.

FIGURA 16

RIQUEZA FINANCEIRA NOS INSTITUCIONAIS – % PIB
(*Soma de Fundos de Pensão e Fundos de Investimento*)

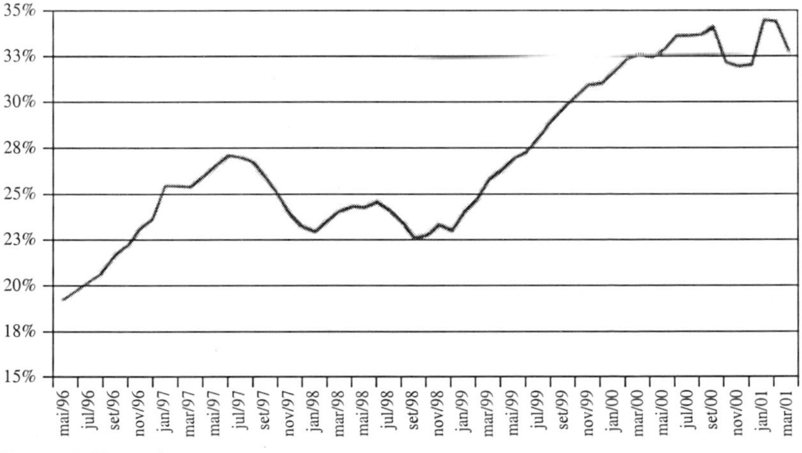

FONTE: BCB e Abrapp.

FIGURA 17

PARTICIPAÇÃO DOS TÍTULOS PÚBLICOS E TÍTULOS DE DÍVIDA
PRIVADOS NOS ATIVOS DOS INVESTIDORES INSTITUCIONAIS

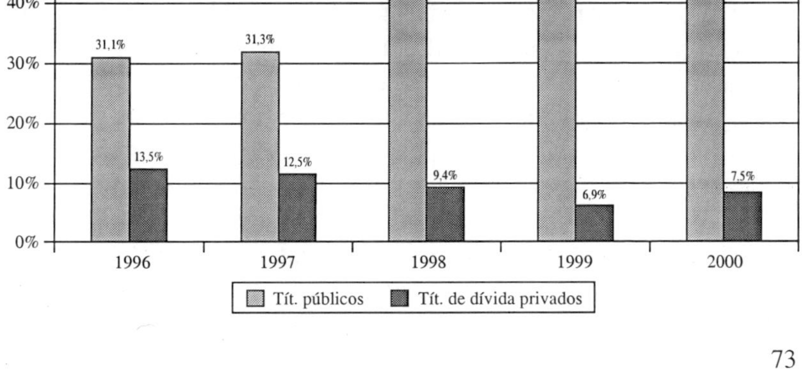

DIAGNÓSTICO:
OBSTÁCULOS AO DESENVOLVIMENTO DO MERCADO DE CAPITAIS

Completada uma visão panorâmica do mercado de capitais brasileiro, busca-se nesta parte delinear um diagnóstico, mediante a identificação dos principais obstáculos ao seu desenvolvimento. Trata-se de um esforço para localizar os fatores causais que têm inibido o avanço e comprometido a funcionalidade desse mercado.

O CUSTO DE CAPITAL PRÓPRIO DAS EMPRESAS ABERTAS É ELEVADO

Dentre os fatores que têm inibido o desenvolvimento do mercado de capitais, o custo de capital próprio das empresas abertas certamente tem a maior importância. Custos elevados de capital desestimulam novas emissões e a própria abertura de capital das empresas.

Ricardo P.C. Leal (2000)[27] gerou algumas estimativas, usando o Modelo de Precificação de Ativos de Capital (CAPM), com base em prêmio de risco das ações da ordem de 8% aa. nos últimos 20 ou 30 anos e taxa livre de risco nominal de 19% aa. Para empresas com *beta* igual a 1, a estimativa de custo de capital próprio para uma inflação esperada da ordem de 5% é de 32%. Como foi visto anteriormente, um custo dessa ordem é muito superior à taxa de retorno dos ativos da grande maioria das empresas.

Embora vários outros fatores devam ser considerados, a taxa básica de juros é o principal componente desse custo. Nos últimos anos, a manutenção de taxas básicas extremamente elevadas tem sido o principal fator responsável pelo formidável processo de *crowding out* do setor privado. O governo eleva os juros até o ponto em que fica inviável aos tomadores privados disputar os recursos de poupança, que são então destinados majoritariamente à aquisição de títulos públicos.

Na verdade, a manutenção de taxas de juros próximas às internacionais não é importante apenas pelas suas implicações no cálculo financeiro e no processo de arbitragem, mas pelo que essa manutenção demonstra quanto à credibilidade das condições de permanência da estabilização. Trata-se da evidência mais significativa da consolidação do ajuste fiscal e da criação de condições institucionais que confiram credibilidade à sua preservação no longo prazo.

Em síntese, não será exagerado afirmar que a superação de todos os demais fatores de inibição do mercado de capitais adiante assinalados teria seus efeitos positivos consideravelmente comprometidos à medida que a taxa básica de juros se distanciasse dos padrões internacionais.

• *Vários fatores elevam o custo de capital no Brasil:* O custo de capital próprio em emissões primárias pode ser decomposto em quatro componentes:

Taxa básica de juros.
Prêmio de risco das ações.
Deságio entre o preço de emissão e o preço de mercado da ação (*underpricing*).
Custos de *underwriting*.

FIGURA 18

TAXA OVER-SELIC REAL ACUMULADA EM 12 MESES
(*Deflator. IPCA*)

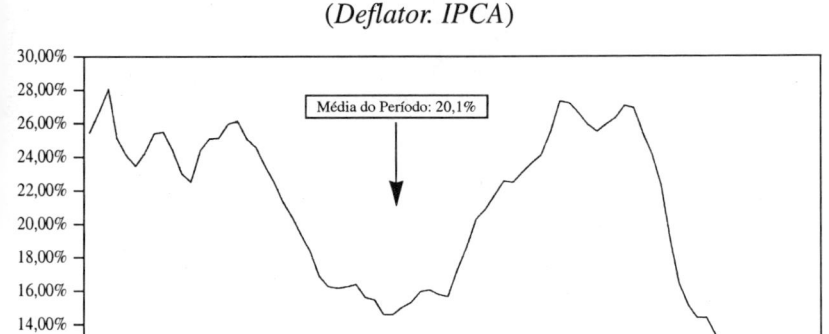

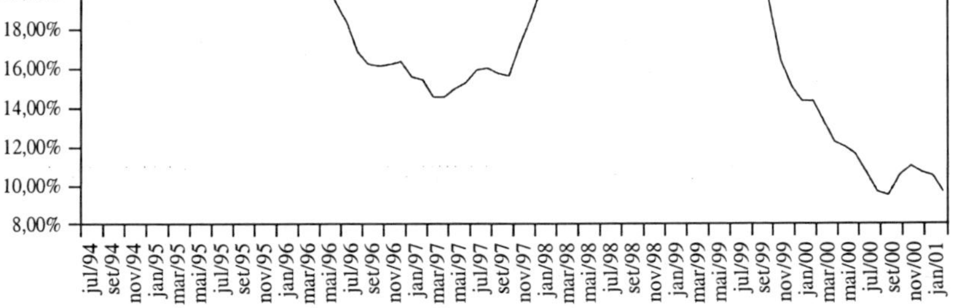

1) *Taxa básica de juros*: Representada pela taxa de colocação de títulos públicos (Selic). Embora com elevada volatilidade, essa taxa tem se mantido em níveis elevados.

Desde a adoção do Plano Real até o início de 2001, a taxa real média (IPCA) foi da ordem de 21% aa., tendo flutuado entre 10% e 28% aa., quando considerados períodos móveis de 12 meses desde julho de 1994. Nesse mesmo período, as taxas reais médias nos EUA se situaram em torno de 3,5%.

2) *Prêmio de risco das ações*: Para qualquer empresa tomada individualmente esse componente tem duas parcelas:

— O prêmio de risco atribuído em média às ações (um de seus componentes, relacionado com a insuficiente proteção de acionistas minoritários, será melhor analisado mais adiante).

— A segunda parcela está associada aos fatores de risco próprios de cada empresa, não diversificáveis, quantificados pelo *beta* de cada ação, parâmetro esse que mede a relação entre os retornos da ação e aqueles do mercado (do Ibovespa, por exemplo).

No trabalho acima citado (Leal, Ricardo P.C., 2000), o prêmio de risco das ações foi estimado em 8% a.a., valor que se compara com 5% a.a. estimado para o mercado norte-americano. Com a hipótese de que a taxa Selic seja de 19% a.a., apresentam-se adiante as estimativas feitas para alguns valores de *beta* e da taxa de inflação anual esperada.

TABELA 19

CUSTO DE CAPITAL PRÓPRIO (%aa)

(*Expectativa de inflação*)

Beta	3%	5%	8%
0,5	25%	26%	27%
1,0	30%	32%	35%
1,5	36%	39%	43%

3) *Underpricing*: O terceiro componente é dado pelo diferencial entre o preço de mercado da ação e o preço de emissão (*underpricing*). Vários trabalhos mostram que os retornos iniciais das emissões públicas de ações para abertura de capital no Brasil são muito elevados: a

TABELA 20

MÉDIA DE RETORNOS INICIAIS (*UNDERPRICING*) PARA 30 PAÍSES

País	TAMANHO DA AMOSTRA	PERÍODO	MÉDIA DO RETORNO INICIAL (%)	TAXA DE DESCONTO
China	226	1990-96	388,00%	79,51%
Malásia	132	1980-91	80,30%	44,54%
Brasil	**62**	**1979-90**	**78,50%**	**43,98%**
Coréia	347	1980-90	78,10%	43,85%
Tailândia	32	1988-89	58,10%	36,75%
Portugal	62	1986-87	54,40%	35,23%
Grécia	79	1987-91	48,50%	32,66%
Taiwan	168	1971-90	45,00%	31,03%
Suíça	42	1983-89	35,80%	26,36%
Índia	98	1992-93	35,30%	26,09%
Espanha	71	1985-90	35,00%	25,93%
Suécia	251	1980-94	34,10%	25,43%
México	37	1987-90	33,00%	24,81%
Japão	472	1970-91	32,50%	24,53%
Cingapura	128	1973-92	31,40%	23,90%
Nova Zelândia	149	1979-91	28,80%	22,36%
Itália	75	1985-91	27,10%	21,32%
Chile	19	1982-90	16,30%	14,02%
Hong Kong	334	1980-96	15,90%	13,72%
Estados Unidos	13.308	1960-96	15,80%	13,64%
Reino Unido	2.133	1959-90	12,00%	10,71%
Austrália	266	1976-89	11,90%	10,63%
Alemanha	170	1978-92	10,90%	9,83%
Bélgica	28	1984-90	10,10%	9,17%
Finlândia	85	1984-92	9,60%	8,76%
Holanda	72	1982-91	7,20%	6,72%
Áustria	67	1964-96	6,50%	6,10%
Canadá	258	1971-92	5,40%	5,12%
Israel	28	1993-94	4,50%	4,31%
França	187	1983-92	4,20%	4,03%

FONTE: *Loughran&Ritter&Rydqvist (1994).*

mediana da diferença percentual entre o preço de emissão e a cotação de fechamento no primeiro dia de pregão atinge mais de 35% em um dia.[27] Trata-se de um retorno extraordinário dos investidores que acessam esses papéis ao preço de emissão e eventualmente os revendem no primeiro dia de negociação após a realização da emissão primária.

Comparação internacional numa amostra de 30 países, tomando por base o período de 1979 a 1990, estima que a taxa de *underpricing* no Brasil foi a terceira maior entre todos os países considerados; a taxa de retorno para os investidores numa oferta inicial de ações (IPO) atinge 78%, ou seja, um desconto de 44% (1-1/78).

Existem indicações de que o sistema de definição de preço de emissões primárias utilizado no Brasil (fixação de preço de emissão com antecedência e alocação discriminatória) reforça esse efeito. A experiência internacional sugere que a adoção de um sistema de leilão de ações teria o efeito de reduzir o *underpricing*.[28]

4) *Custos de "Underwriting"*: Segundo informações do mercado, os custos de *underwriting* (comissão de coordenação, distribuição, garantia firme) variam entre 3% e 4% para empresas de maior prestígio, e em até 10% para empresas que estejam abrindo o capital (IPOs).

• *Os custos de manutenção das empresas abertas são relativamente elevados:* Em recente pesquisa realizada com base em amostra de 43 empresas abertas,[47] verificou-se o seguinte quanto às principais desvantagens das empresas abertas (Tabela 21):

1) 62,8% das empresas mencionaram os custos de manutenção de empresas abertas como sendo a principal desvantagem da abertura de capital (auditoria, publicações, relatórios, etc.), sendo que 88,4% incluíram esses custos entre as seis desvantagens mais importantes.

2) Fatores relacionados ao custo do capital próprio (subvalorização das empresas) aparecem em segundo lugar, com 11,6% indicando-os como a principal desvantagem: (60,5% incluem fatores entre as seis desvantagens mais importantes). Seguem-se os custos de *underwriting* e elevado *underpricing* na colocação de ações.

3) Aspectos ligados à perda de confidencialidade de informações (liberação de informações estratégicas para concorrentes empresas

TABELA 21

DESVANTAGENS DAS EMPRESAS ABERTAS

	% PRIM.	% SEXTO
Custo de manutenção	62,80%	88,40%
Preço de ações inferior ao valor companhia	11,60%	60,50%
Custos de *underwriting*	7,00%	49,00%
Elevado *underpricing* na colocação de ações	7,00%	46,60%
Planejamento tributário	7,00%	28,00%
Informação estratégica a concorrentes	4,70%	48,90%
Concorrentes são empresas fechadas	4,70%	32,70%
Alto custo de títulos de dívida	2,30%	32,50%
Dividendos 10% para pref.	2,30%	18,60%

ROCCA, C.A. & CARVALHO, A.G., 1999. *Mercado de Capitais e o Financiamento das Empresas Abertas.* Trabalho realizado para a Abrasca.

fechadas) e ter empresas fechadas como concorrentes foram também mencionados.

Segundo dados coletados pela Abrasca, os custos de manutenção são relativamente elevados, em especial quando se considera que a grande maioria das empresas não extrai os benefícios esperados em termos de liquidez e captação de recursos a baixo custo. Em dólares de 1998, as despesas totais médias eram de US$ 435,5 mil (mínimo de US$ 21,1 mil e máximo de 2.270,9 mil); a maior parcela se deve a publicações, em média US$ 143 mil (mínimo de US$ 5,4 mil e máximo de US$ 733 mil), despesas essas magnificadas pela obrigatoriedade de publicação de demonstrações financeiras no *Diário Oficial* a preços extremamente elevados.

• *No período de 1988 a 1995 a tributação discriminava contra o capital próprio; a partir de 1996, juros sobre o capital próprio minimizam a distorção:* A carga tributária do Imposto de Renda sobre lucros e juros deve ter sido um dos fatores de desestímulo à emissão primária de ações, pelo menos no período de 1988 a 1995. Nesse período, a tributação do Imposto de Renda implicava carga tributária mais elevada sobre a remuneração do capital próprio (dividendos) comparativamente àquela existente sobre os juros. Essa discriminação só foi reduzida ou eliminada com a criação da figura de juros sobre o capital próprio a partir de 1996.[48]

A Lei 9.295/95 eliminou a correção monetária de balanços a partir de 1996 e criou a figura de juros sobre o capital próprio. Usando esses mecanismos, as empresas foram autorizadas, dentro de certos limites, a pagar remuneração de capital próprio na forma de juros, dedutíveis da base de cálculo do IRPJ; a taxa de juros utilizada é limitada à TJLP e o montante máximo corresponde a 50% do lucro ou 50% das reservas de lucros e lucros acumulados.

Para estabelecer uma avaliação do impacto da tributação sobre a estrutura de capital é relevante considerar a carga tributária efetiva, sob valor presente. Esta depende pelo menos do nível de inflação, da taxa de rentabilidade, da estrutura patrimonial e do tempo de vida de depreciação ou amortização do ativo permanente. Os resultados adiante foram obtidos de modelo de simulação desenvolvido em parceria com o professor Eliseu Martins, da FEA/USP e da Fipecafi.[48]

Considerando dois casos extremos, respectivamente, em que os sócios fornecem 100% dos recursos utilizados pela empresa na forma de capital social e no outro, na forma de empréstimos, é possível estabelecer uma comparação quanto à incidência tributária e seu impacto potencial sobre a estrutura de capital. Admitindo que a partir de 1996 a empresa distribui seus resultados na forma de juros sobre o capital próprio, nos limites da lei, assumindo-se TJLP igual a 9% a.a., constata-se o seguinte:

1) No período de 1980 a 1988, com algumas flutuações, a tributação sobre juros (caso da empresa fundeada com empréstimos dos sócios) não era significativamente diferente da tributação sobre lucros — nesse período não há indicações de que a tributação discriminasse de modo continuado a favor de capital próprio ou de terceiros.

2) Entre 1989 e 1995, principalmente pela acentuada redução das alíquotas máximas aplicáveis no imposto de pessoa física, a tributação passa a discriminar fortemente a favor do endividamento e contra a utilização de capital próprio; enquanto a tributação efetiva final sobre

lucros oscila entre 50% e 55%, no caso de juros é cerca da metade, entre 25% e 30%; houve, portanto, nesse período, forte incentivo ao endividamento das empresas e desestímulo a novas emissões de capital.

FIGURA 19

TRIBUTAÇÃO DO IMPOSTO DE RENDA:
JUROS E LUCROS*

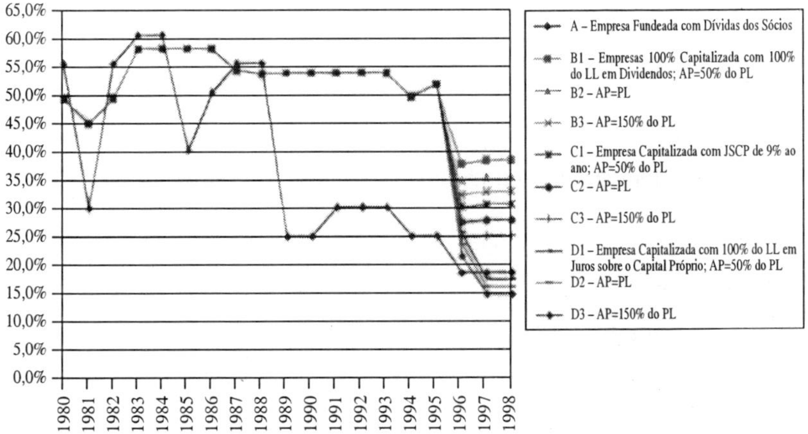

* Carga Tributária do Imposto de Renda a valor presente.
AP = Ativo Permanente
PL = Patrimônio Líquido
A, B, C, D = Simulações

ROCCA, C.A. & CARVALHO, A.G., & SILVA, M.E. 1998. *Sistema Financeiro e Crescimento Econômico*. Trabalho realizado para a Bovespa.

3) Com a nova legislação, a carga tributária sobre juros ou lucros passa a depender dos parâmetros de cada empresa, sendo que em muitos casos a discriminação é reduzida ou eventualmente eliminada.

Recente trabalho de pesquisa (Zani, João e Nees Jr., 2000) tomou por base uma amostra de 196 empresas não financeiras das mais representativas da Bovespa nos anos base de 1996 e 1997. A conclusão é a de que a utilização dos juros sobre o capital próprio agrega valor às empresas. No plano dos resultados empíricos, destaca-se o seguinte:

— Muitas empresas ainda não haviam visualizado as vantagens do novo conceito no período examinado (logo após a sua criação): apenas metade das empresas analisadas havia utilizado a figura de juros sobre o capital próprio.

— Em 1997, a utilização dos juros sobre capital próprio permitiu reduzir significativamente a alíquota efetiva do IRPJ: nas empresas que não usaram o mecanismo a alíquota média se situava em 20,52%, enquanto que nas que o utilizaram a alíquota foi de apenas 12,5%.

• *Evidência internacional — Baixa proteção a investidores inibe mercado e eleva custos de capital das empresas:* O desenvolvimento do mercado de capitais é correlacionado com proteção ao investidor. Vários trabalhos mostram que a proteção a investidores e a garantia de aplicação da lei são fundamentais para o desenvolvimento do mercado de capitais.

A proteção a acionistas minoritários pode ser decomposta em três elementos:

1) Conjunto de regras e leis (governança corporativa).

2) Transparência (*disclosure*): disponibilização de um fluxo contínuo de informações relevantes que permitam aos minoritários e credores avaliar se seus direitos e a qualidade de seus investimentos estão sendo observados.

3) Aplicação da lei (*enforcement*): potencial que os agentes têm para fazer com que seus direitos legais sejam de fato respeitados.

Nos mercados emergentes, a governança corporativa tem a ver com a proteção ao direito de minoritários, diferente de seu foco tradicional. A governança corporativa pode ser definida de várias formas — com maior freqüência se refere às estruturas, regras e instituições que determinam a extensão em que os administradores agem no melhor interesse dos acionistas. Entretanto, em muitos países onde a propriedade é concentrada, o controlador comanda a administração.[23] Nesses casos, a questão fundamental é o alinhamento de interesses entre os minoritários e os controladores.

Pesquisas recentes na área de lei e finanças (*law and finance*) estabeleceram três pontos importantes, com resultados empíricos largamente aceitos (Claessens, 2000):[8]

FIGURA 20

DESENVOLVIMENTO DO MERCADO DE CAPITAIS E QUALIDADE DA PROTEÇÃO AO ACIONISTA

percentagem

Capitalização de mercado acionário/PIB

Quartil mais alto (maior nível de proteção ao acionista e de aplicação da lei)

Quartil mais baixo (menor nível de proteção ao investidor e de aplicação da lei)

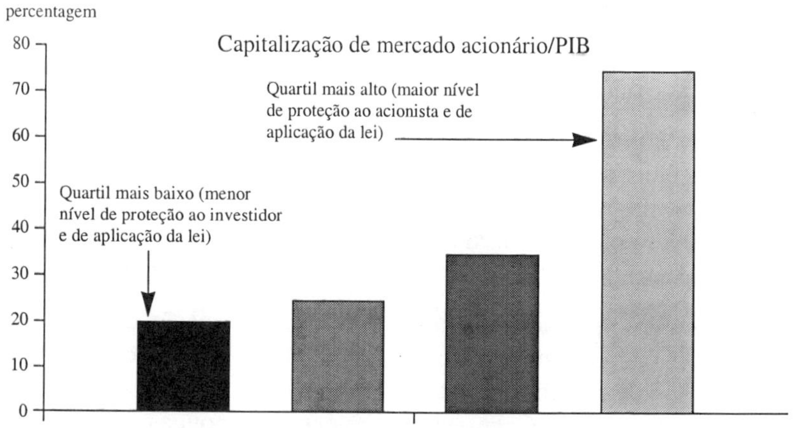

FONTE: La Porta et al., 1997.

NOTAS: Quartis de 40 países cada, organizados segundo a proteção ao acionista e aplicação da lei.

ELABORAÇÃO: Stijn. Corporate, 2000. *Governance Reform Issues in the Brazilian Equity Markets*. Mimeo.

1) Existem evidências de que a configuração e a importância do mercado de capitais nos vários países dependem fundamentalmente da proteção dada aos investidores e da garantia de aplicação da lei, ao mesmo tempo que os prêmios de risco, e portanto os custos de capital, são menores.

Análise feita em 160 países, agrupados em quartis com base em índices de proteção aos acionistas e respeito às leis (La Porta *et alii*,1997)[22] mostra que a capitalização de mercado sobre o PIB cresce monotonicamente de 20% até 80%, à medida que se tomam quartis com índices de proteção mais elevados.

Outros trabalhos (La Porta *et alii*,1998, 1999)[21] mostram que países que oferecem maior proteção aos acionistas minoritários apresentam maior número de empresas abertas e maior número de IPOs (oferta inicial de ações), ajustados pelo tamanho da população, e que mais empresas captam recursos no mercado acionário, menor grau de concentração de propriedade nas empresas abertas, além de que o valor de mercado das empresas em relação ao valor patrimonial é comparativamente maior.

2) Proteção para acionistas minoritários é mais fraca em países com uma tradição de lei civil (*civil law tradition*) comparativamente aos países onde predomina a lei comum (*common law*).[21]

3) Leis e outras importantes instituições que oferecem proteção a investidores são persistentes e difíceis de mudar.[1,20]

O desempenho comparativo de alguns países do Leste europeu também é significativo. Gleaser, Johnson e Schleifer (2000)[16] comparam a Polônia e a República Checa nos anos 90: características semelhantes no início da década, incluindo sistemas judiciários pouco eficientes.

— Na Polônia, houve a criação de uma Comissão de Valores Mobiliários independente e com fortes poderes e está associada a um rápido desenvolvimento do mercado acionário.

— Na República Checa, a permanência de poucas garantias a investidores é acompanhada de um mercado estagnado.

A ALEMANHA E O *NEUER MARKT*: ALGUMAS CONDIÇÕES SEMELHANTES ÀS BRASILEIRAS

Trata-se de experiência extremamente significativa para o Brasil. A Alemanha apresentava algumas condições semelhantes às observadas no Brasil em vários aspectos relacionados com o mercado de capitais:[20]

1) O índice de proteção a acionistas[21] na Alemanha antes das mudanças atingia 2, contra 5 nos EUA e Reino Unido; o indicador construído pela Merril Lynch dá ao Brasil escore 5, idêntico ao da Alemanha (v. adiante).

2) Na comparação de princípios contábeis, os padrões alemães são inferiores aos do US-GAAP e IAS (*International Accounting Principles*) e seu foco é a proteção a credores e não a acionistas.

3) Indicadores de desenvolvimento do mercado de ações muito inferiores aos de outros países desenvolvidos: por exemplo, para 1999, capitalização de mercado/PIB de 51% (contra 158% EUA, 171% Reino Unido, 66% Japão); em 1997, emissões primárias/formação

TABELA 22

COMPARAÇÃO DO DESENVOLVIMENTO
DO MERCADO DE AÇÕES

	EUA	REINO UNIDO	JAPÃO	ALEMANHA
Capitalização do mercado acionário no final de 1998 (bilhões de US$)	13.451	2.374	2.496	1.094
PIB em 1998 (bilhões de US$)	8.511	1.387	3.783	2.142
Capitalização de mercado acionário dividida pelo PIB no final de 1998	1,58	1,71	0,66	0,51
Emissões primárias no mercado de ações em 1997 (bilhões de US$)	231,9	22,3	9,5	8,9
Emissões primárias no mercado de ações em 1997 como uma percentagem da formação bruta do capital fixo	19,80%	11,20%	0,80%	2,10%
Número de companhias listadas no fim de 1998	8.450	2.399	2.416	741
População no fim de 1997	267.640.000	59.009.000	126.090.000	82.071.000
População por companhias listadas	31.673	24.597	52.19	110.757
Número de companhias que abriram o capital em 1996	909	347	97	14

FONTES:
— Capitalização de mercado acionário – IFC(1999).
— PIB-FMI.
— População – Banco Mundial (1999).
— Emissões primárias, formação bruta de capital fixo, número de companhias que abriram o capital – FIBV (1999).
— Número de companhias listadas – FIBV (1999).
JOHNSON, S. (2000). "Which Rules Matter? Evidence from Germany's Neuer markt", *MIT Working Paper.*

bruta de capital fixo: 2,1% contra 19,8% nos EUA, 11,2% no Reino Unido, 0,8% no Japão; número de empresas abertas em 1998 em relação à população: Alemanha cerca de 111 mil habitantes por empresa, contra 32 mil nos EUA, 25 mil no Reino Unido, 52 mil no Japão.

Por outro lado, a Alemanha seria um excelente exemplo de país em que as medidas para reforçar a proteção de acionistas teriam pouca chance de funcionar, pois é um país com tradição de lei civil e fraca proteção a acionistas minoritários:

— A prosperidade alemã tem sido baseada no sucesso das empresas privadas captarem recursos com apoio dos bancos.[15, 52, 44]

— Os bancos alemães e as empresas têm cooperado nos últimos cem anos e as leis e padrões de contabilidade têm favorecido tradicionalmente mais os credores que os acionistas.

— Para a Alemanha o argumento contra a necessidade de proteger acionistas minoritários é forte.

O SUCESSO DO *NEUER MARKT* NA ALEMANHA MOSTRA QUE AS MUDANÇAS NA PROTEÇÃO A ACIONISTAS PODEM TER FORTE IMPACTO POSITIVO NO MERCADO DE AÇÕES

Johnson (2000) mostra que a criação do *Neuer Markt* na Alemanha, mercado acionário seletivo com fortes regras de governança corporativa, *disclosure* e *enforcement,* gerou um movimento acelerado de abertura de capital de empresas.

As regras para as companhias listadas mudaram recentemente em três segmentos do mercado de ações alemão:

1) Empresas listadas no primeiro segmento do *German Stock Exchange* (Amtlicher Handel) têm agora que divulgar os acionistas que detêm mais de 5% dos direitos de voto (e adicionalmente a ultrapassagem de alguns limites).

2) Smax, um novo mercado de ações para pequenas empresas domésticas requer agora relatórios trimestrais.

3) O *Neuer Markt* requer que as companhias listadas tenham contabilidade baseada nos padrões norte-americanos (US-Gaap) ou uma versão do International Accounting Standards (IAS), e relatórios trimestrais.

Verificou-se que o número total de IPOs na Alemanha cresceu dramaticamente desde que a reforma das regras de listagem começou:[15] no período de quase 50 anos (entre 1949 e 1996), 356 abriram o capital, média de menos de 8 por ano; entre 1997 e 1999 no *Neuer Markt,* 201 empresas abriram o capital entre 1997 e 1999, sendo 140 somente em 1999.

O efeito das novas regras foi muito maior no *Neuer Markt* que nos demais segmentos; no começo de fevereiro de 2000, mais de 200 empresas estavam listadas no *Neuer Markt;* a mais importante mudança aparentemente foi a exigência de uso do US-Gaap ou IAS.

Até meados da década de 90 era muito difícil atrair *venture capital* para empresas de tecnologia na Alemanha, a despeito da existência de subsídios governamentais; cerca da metade das novas empresas listadas tinham um investidor de *venture capital* no momento em que abriram seu capital;[24] embora não seja uma prova, isso sugere que está se tornando mais fácil atrair *venture capital* na Alemanha.

ESTUDOS INTERNACIONAIS MOSTRAM QUE A MAIOR CONCENTRAÇÃO DE PROPRIEDADE DE COMPANHIAS FAVORECE SUA VALORIZAÇÃO

A estrutura de propriedade é importante porque influencia diretamente a eficiência do mercado de controle das empresas e sua valorização no mercado. Duas observações:

1) A concentração da propriedade de ações numa empresa mostra o grau de diversificação dos acionistas, que varia inversamente com a concentração.

2) Quando a concentração é elevada, e o acionista controlador tem grande influência na administração, isso minimiza um problema de agenciamento que pode existir sempre que os administradores não busquem a maximização do valor para os acionistas (entretanto, pode estar sendo criado um outro problema de agenciamento entre acionista majoritário e minoritário).

Jensen & Meckling (1976)[23] concluíram que a concentração de propriedade é favorável para a valorização das companhias, porque os grandes acionistas são melhores para monitorar os administradores;

além disso, maior participação do controlador reduz o risco de expropriação.

Morck e outros (1988)[37] distinguem entre os efeitos negativos do controle e os efeitos de incentivo positivos da concentração, sugerindo que a ausência de separação entre propriedade e controle reduz os conflitos de interesse e, portanto, aumenta o valor para o acionista. Pesquisas recentes sugerem que maior concentração de propriedade (ou direito de fluxo de caixa) está associada a maior valorização das companhias.

A CONCENTRAÇÃO DE DIREITO DE VOTO ACOMPANHADA DE DESCASAMENTO COM DIREITO DE PROPRIEDADE (FLUXO DE CAIXA) TEM EFEITOS NEGATIVOS SOBRE O VALOR DAS COMPANHIAS

Vários trabalhos sugerem que a concentração de direitos de controle e a separação entre direitos de voto e de fluxo de caixa (propriedade) aumentam o risco de expropriação e têm um efeito negativo sobre o valor das companhias.

Shleifer e Vishny (1997),[51] La Porta e outros (1998)[21] e Morck[37,38] e outros (1999) estudam os conflitos de interesse entre pequenos e grandes acionistas — quando grandes acionistas controlam uma empresa, suas políticas podem implicar a expropriação dos acionistas minoritários; essas companhias deixam de ser atrativas para acionistas minoritários e têm menor valorização.

Claessens e outros (1999)[7] separam os efeitos de controle de voto e propriedade de fluxo de caixa sobre a valorização de companhias em vários países asiáticos; compatível com os estudos anteriores, verificam que a maior concentração de controle afeta negativamente o valor das companhias, enquanto que a maior concentração de propriedade afeta positivamente.

Sua conclusão é que o risco de expropriação é o principal problema de agenciamento nas empresas do Sudeste asiático. A Figura 21 resume os resultados de pesquisa feita com base em amostra de 2.000 empresas do Leste asiático.

FIGURA 21

VALOR DA FIRMA E A DIVERGÊNCIA ENTRE DIREITOS DE PROPRIEDADE E DE VOTO
(*Amostra de 2.000 empresas do Leste asiático*)

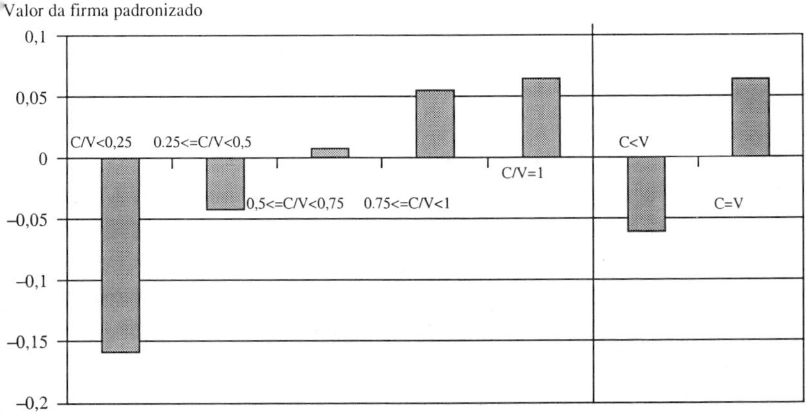

Valor da firma padronizado

NOTA: O gráfico apresenta o valor das firmas (padronizado) em relação ao quociente entre os direitos de propriedade (C) e os direitos de voto (V). Quando não há divergência, C=V, o valor da firma é o mais alto de todos; quando a divergência é a maior C/V<0,25, o valor da firma é o menor de todos.

ELABORAÇÃO: Claessens, Stijn. Corporate, 2000. *Governance Reform Issues in the Brazilian Equity Markets*. Mimeo.

Quando a divergência entre direitos de propriedade e de voto é máxima (C/V<0,25), o valor das companhias é mínimo, cerca de 16% abaixo da média. Na ausência de divergência, o valor é máximo, cerca de 7% acima da média. A comparação entre essas duas situações permite concluir que, em média, naqueles mercados, as empresas situadas no extremo de divergência entre direito de propriedade e de voto valem cerca de 23% menos que aquelas em que essa divergência é inexistente. Visto de outro ângulo, a eliminação da divergência entre voto e propriedade permitiria elevar o valor dessas companhias em cerca de 30% (23/77).

Como resultado da existência das ações preferenciais, que podem atingir até 2/3 do capital social, o Brasil é um caso extremo, na América Latina e no mundo, de divergência entre direito de voto e de propriedade. Cerca de 46% de todas as ações e uma proporção ainda muito maior das ações em mercado (*public float*) e praticamente a totalidade do volume de ações transacionadas são ações sem direito a voto. Entretanto, resultados de pesquisa desenvolvida para quantificar esses efeitos para empresas brasileiras não são conclusivos (Leal, Silva e Valadares, 2000).[26]

BRASIL:
BAIXO NIVEL DE PROTEÇÃO
A ACIONISTAS MINORITÁRIOS E CREDORES

Em termos do quadro formal de proteção a acionistas minoritários, algumas comparações internacionais colocam o Brasil numa posição intermediária (índice 3 num máximo de 5).[17] No entanto, esse índice leva em conta apenas aspectos relativos aos mecanismos de votação. Como no caso brasileiro a maior parte das ações não carrega direito de voto, tal índice superestima a proteção aos minoritários.

Outro indicador é o construído pela Merril Lynch, em que o Brasil tem escore de 5, contra 12 dos EUA, como se pode observar na Tabela 23.

TABELA 23

RANKING GLOBAL DE DIREITOS
DE ACIONISTAS MINORITÁRIOS

MERCADOS	SCORE
1. Estados Unidos	12
2. Malásia	10
3. África do Sul	10
4. Argentina	9
5. Espanha	9
6. Taiwan	8
7. Hong Kong	8
8. Cingapura/Chile/México/R. Unido	7
12. Japão	6
13. Alemanha/Brasil	5
Média	**7,9**

FONTE: Merrill Lynch — Outubro de 2000.

TABELA 24
DIREITOS DOS CREDORES NO MUNDO

País	Cerceamento do direito à firma reter ativos quando em concordatas	Senioridade dos credores segurados em caso de falência	Restrições para entrar em concordata	Interventor em caso de concordata	Índice de direitos dos credores
Cingapura	1	1	1	1	4
Egito	1	1	1	1	4
Equador	1	1	1	1	4
Hong Kong	1	1	1	1	4
Índia	1	1	1	1	4
Indonésia	1	1	1	1	4
Israel	1	1	1	1	4
Malásia	1	1	1	1	4
Nigéria	1	1	1	1	4
Paquistão	1	1	1	1	4
Quênia	1	1	1	1	4
Reino Unido	1	1	1	1	4
Zimbabue	1	1	1	1	4
África do Sul	0	1	1	1	3
Alemanha	1	1	1	0	3
Áustria	1	1	1	0	3
Coréia do Sul	1	1	0	1	3
Dinamarca	1	1	1	0	3
Nova Zelândia	1	0	1	1	3
Sri Lanka	1	0	1	1	3
Tailândia	1	1	0	1	3
Bélgica	1	1	0	0	2
Chile	0	1	1	0	2
Espanha	1	1	0	0	2
Holanda	0	1	1	0	2
Itália	0	1	1	0	2
Japão	0	1	0	1	2
Noruega	0	1	1	0	2
Suécia	0	1	1	0	2
Taiwan	1	1	0	0	2
Turquia	0	1	1	0	2
Uruguai	0	1	0	1	2
Argentina	0	1	0	0	1
Austrália	0	1	0	0	1
Brasil	**0**	**0**	**1**	**0**	**1**
Canadá	0	1	0	0	1
Estados Unidos	0	1	0	0	1
Finlândia	0	1	0	0	1
Grécia	0	0	0	1	1
Irlanda	0	1	0	0	1
Portugal	0	1	0	0	1
Suíça	0	1	0	0	1
Colômbia	0	0	0	0	0
Filipinas	0	0	0	0	0
França	0	0	0	0	0
México	0	0	0	0	0
Peru	0	0	0	0	0

Fonte: La Porta & Lopez-de-Silanes & Shleifer (1998).
CARVALHO, A.G. (2000) "Ascenção e Declínio do Mercado de Capitais no Brasil. A experiência dos anos 90 — Estudos para o Desenvolvimento do Mercado de Capitais, Bovespa, junho/2000 (pp. 24-47).

Em comparações internacionais, a proteção a credores no Brasil é considerada insuficiente, com um valor de 1 num máximo de 4 (La Porta et al., 1998). Esse índice é baseado em quatro critérios:

1) Restrições a que a firma detenha ativos dados como garantias de empréstimos em caso de concordata.

2) Quando em caso de falência, as dívidas com ativos dados em garantia têm prioridade sobre os demais interesses (tributos, dívidas trabalhistas, etc.).

3) Existência de restrição para entrar em concordata (tal como permissão dos credores).

4) Quando um interventor indicado por um tribunal é responsável pela administração da firma em concordata.

• *Disclosure é considerado insuficiente*: A proteção a minoritários e aos credores depende muito da qualidade das informações disponíveis (*disclosure*).

A Tabela 25 contém o índice de qualidade dos padrões contábeis produzido pelo Center for International Financial Analysis & Research, que serve como medida de *disclosure*. Este índice se baseia na omissão ou inclusão, nos demonstrativos financeiros e relatórios, de 90 itens (o ano em que o índice se baseia é o de 1990).

O índice para o Brasil é baixo, atingindo apenas 54 pontos, ficando à frente apenas de nove países.

• *"Enforcement" tem eficácia limitada — CVM e Poder Judiciário*: A experiência internacional e vários estudos demonstram que não basta a existência de um conjunto adequado de legislação. A devida aplicação da lei (*enforcement*), garantindo sua correta aplicação e execução dos contratos, é considerada atributo essencial para a operação eficiente e o desenvolvimento dos mercados.

Por exemplo, verifica-se que na comparação entre vários países, a mera existência de leis contra *insider trading* não faz diferença nos custos de capital; entretanto, quando o *enforcement* é eficaz, verifica-se uma redução de cerca de 5% ao ano do custo de capital próprio (Bhattacharya e Darouk, 2000).

O Brasil não tem desempenho favorável quanto ao *enforcement* de leis e regulamentos.

TABELA 25
PADRÕES CONTÁBEIS NO MUNDO*
(*Nota máxima: 90 pontos*)

PAÍS	NOTA	PAÍS	NOTA
Suécia	83	Alemanha	62
Reino Unido	78	Coréia	62
Cingapura	78	Dinamarca	62
Finlândia	77	Itália	62
Malásia	76	Bélgica	61
Austrália	75	México	60
Canadá	74	Nigéria	59
Noruega	74	Índia	57
Estados Unidos	71	Grécia	55
África do Sul	70	Áustria	54
Nova Zelândia	70	**Brasil**	**54**
França	69	Chile	52
Hong Kong	69	Turquia	51
Suíça	68	Colômbia	50
Filipinas	65	Argentina	45
Formosa	65	Venezuela	40
Japão	65	Peru	38
Espanha	64	Portugal	36
Holanda	64	Uruguai	31
Israel	64	Egito	24
Tailândia	64		

* Este índice foi criado examinando os demonstrativos financeiros e publicações das empresas em 1990. O número de pontos é determinado pela inclusão ou omissão de 90 itens.

FONTE PRIMÁRIA: International Accounting and Auditing Trends, Center for International Financial Analysis & Research.

Extraído de La Porta & Lopez-de-Silanes & Shleifer (1998).

CARVALHO, A.G. (2000) "Ascenção e Declínio do Mercado de Capitais no Brasil. A experiência dos anos 90 — Estudos para o Desenvolvimento do Mercado de Capitais, Bovespa, junho/2000 (pp. 24-47).

CVM:

1) A CVM não tem demonstrado capacidade de investigar com energia os casos problemáticos e impor o estrito cumprimento às leis e regulamentos, segundo Claessens (2000):

— Desde a data de seu início até o julgamento final, no período de 1996 a 1999, os julgamentos têm durado em média cinco anos, com os primeiros dois anos dedicados à investigação inicial.

— Depois desse julgamento, decorrem mais dois anos em recursos para o Conselho de Recursos do Sistema Financeiro Nacional (CRSFN).

— A detecção de irregularidades por parte da CVM é esporádica, já que esta faz a supervisão de mercado quase exclusivamente a distância (com base em documentação disponível), com inspeções nas empresas apenas sob demanda específica.[8]

2) O descumprimento de normas para o fornecimento de informações à CVM é significativo:

— A análise do cadastro da CVM, com base em 1998,[47] permite constatar a existência de um considerável número de empresas abertas (213 no total de 861 ou 25%) que por variadas razões não tinham enviado à CVM o relatório anual de informações (IAN) em nenhum dos três anos anteriores (1995, 1996, 1997) — convém notar que dentre as demais empresas, uma proporção significativa não dispõe do IAN para todos os três anos citados.

3) Existem indicações de que as empresas que abriram seu capital depois de 1989 têm melhor desempenho em termos de cumprimento de obrigações:

— Empresas com registros anteriores a 1989 têm pior desempenho, pois classificam as empresas segundo a data de abertura de capital — verifica-se que a maior incidência de empresas sem remessa do IAN no triênio 95/97 ocorre dentre aquelas cuja abertura de capital se deu antes de 1989 (em torno de 30%).

— É interessante notar que apenas 8% das empresas que abriram na década de 90 se encontram nessa situação (17 empresas num total de 206); embora seja apenas uma indicação preliminar, é possível que os índices diferenciados observados em relação às empresas com registros posteriores a 1990 sinalize mudança qualitativa.

— Essa mudança estaria associada a uma nova fase de menor intervenção estatal no mercado. Muitos analistas chamam a atenção para o fato de que, nas décadas anteriores, o mercado de ações foi objeto de políticas de incentivo (DL157, aplicações compulsórias de investidores institucionais) que induziram a um comportamento oportunista de empresas e investidores e retardaram a consolidação de uma cultura profissional no mercado.

A partir de 1990, com o abandono dessas políticas e a internacionalização do mercado (Anexo IV e programas de DR), pode ter ocorrido uma mudança considerável, pois a listagem de companhias reflete um posicionamento compatível com a manutenção de empresas abertas, com relação aos acionistas minoritários, transparência de informações, maiores exigências por parte dos acionistas e obediência às regulamentações.

• *Poder Judiciário:* Indicadores e avaliações feitas por entidades internacionais[8] não são favoráveis à eficiência e integridade do Poder Judiciário brasileiro. De acordo com a Business International Corporation, por exemplo, que elaborou, para países, índices de desempenho da Justiça que assumem valores entre 0 e 10 e representam a média entre 1980 e 1983, o Brasil obtém 5,75. Ocupa o posto 42 numa amostra de 49 países, nota superior apenas às obtidas por Portugal (5,5), Paquistão (5), Filipinas (4,75), Turquia (4), Tailândia (3,25) e Indonésia (2,5).

Estes índices sugerem que é limitada a possibilidade de os indivíduos no Brasil recorrerem ao Judiciário ou ao governo para fazer respeitar seus direitos.

• *Índices de corrupção:* A avaliação da corrupção no governo foi produzida pelo *International Country Risk Guide.* Tal índice também assume valores entre 0 e 10, varia inversamente com a corrupção (nota 10, ausência de corrupção); baseia-se nas médias dos meses de abril e outubro entre 1982 e 1995. Nele, o Brasil obtém a nota 6,35 (posto 27 num total de 49 países) contra uma mediana de 7,27.

• *As práticas de governança corporativa não atendem aos padrões recomendados:* Existem indicações de que as práticas de governança corporativa são débeis: o impacto dos frágeis direitos das minorias reflete-se nas práticas de direção e conselhos, em que os minoritários têm muito pouca representação:

1) Os diretores realmente independentes do controlador são muito raros no Brasil, da mesma forma que comitês para tratar de assuntos

específicos designados pelo Conselho de Administração (auditoria, investimentos, etc.).

2) Comitês financeiros e de investimentos são mais raros que comitês de auditoria. Essa prática no Brasil é inferior à da Argentina e dos EUA.

TABELA 26

EFICIÊNCIA DO SISTEMA JUDICIÁRIO*

(*Escala: 0 a 10*)

País	Nota	País	Nota
Austrália	10,00	Colômbia	7,25
Dinamarca	10,00	Nigéria	7,25
Estados Unidos	10,00	Grécia	7,00
Finlândia	10,00	Sri Lanka	7,00
Holanda	10,00	Formosa	6,75
Hong Kong	10,00	Itália	6,75
Israel	10,00	Peru	6,75
Japão	10,00	Egito	6,50
Noruega	10,00	Uruguai	6,50
Nova Zelândia	10,00	Venezuela	6,50
Reino Unido	10,00	Equador	6,25
Cingapura	10,00	Espanha	6,25
Suécia	10,00	África do Sul	6,00
Suíça	10,00	Argentina	6,00
Áustria	9,50	Coréia	6,00
Bélgica	9,50	México	6,00
Canadá	9,25	**Brasil**	**5,75**
Alemanha	9,00	Quênia	5,75
Malásia	9,00	Portugal	5,50
Irlanda	8,75	Paquistão	5,00
Jordânia	8,66	Filipinas	4,75
França	8,00	Turquia	4,00
Índia	8,00	Tailândia	3,25
Zimbabue	7,50	Indonésia	2,50
Chile	7,25		

* Avaliação da eficiência e integridade do sistema judiciário, particularmente com respeito a empresas estrangeiras (médias entre 1980-1983).

Fonte primária: Business International Corporation.
Extraído de La Porta & Lopez-de-Silanes & Shleifer (1998).

Carvalho, A.G. (2000) "Ascenção e Declínio do Mercado de Capitais no Brasil. A experiência dos anos 90 — Estudos para o Desenvolvimento do Mercado de Capitais, Bovespa, junho/2000 (pp. 24-47).

Tais práticas se distanciam das recomendações do IBGC (Instituto Brasileiro de Governança Corporativa), que estabelece a necessidade de um comitê de auditoria ao qual a auditoria externa deveria se reportar, ou pelo menos ao Conselho como um todo (e não apenas ao presidente do Conselho ou à própria diretoria).

• *Direitos insuficientes de minorias e credores têm fortes efeitos negativos: aumentam o custo de capital das empresas e deprimem seu valor de mercado:* No Brasil e em muitos mercados emergentes,[8] verifica-se que a insuficiência de proteção, combinada com a concentração do controle e o descasamento entre propriedade e voto, produzem perda do valor das companhias, elevação do custo de capital próprio e altos prêmios de controle.

A evidência empírica é significativa:

1) A pesquisa com base em amostra de 2.000 empresas do Leste asiático[8] demonstra a ocorrência de diferenças na valorização média de companhias da ordem de 23 pontos percentuais mais atribuíveis à divergência entre direitos de voto e de propriedade (fluxo de caixa).

2) Usando dados de 13 países, Nenova (1999)[39] verificou que o prêmio do direito de voto reflete basicamente benefícios privados ao invés de prêmio de controle, e depende dos direitos dos minoritários.

3) Neste mesmo trabalho, verifica-se que o prêmio médio do direito de voto no Brasil (corrigido pelos efeitos de diferenças em liquidez, políticas de dividendos e preferências das ações) é de 23 pontos percentuais, o mais alto dentre 13 países. Este percentual se compara com cerca de 18% na Alemanha, 9% no Reino Unido, 3% nos EUA e 1% em Hong Kong.

4) Esses prêmios elevados estão associados com a maior concentração de propriedade no Brasil — não refletem o prêmio normal de controle derivado de uma administração de melhor qualidade das empresas, mas o valor que os controladores podem obter pelo redirecionamento de recursos viabilizado pela fraca estrutura de governança corporativa.

5) Levando-se em conta tamanho, dividendos, liquidez e outras diferenças, os prêmios de voto entre firmas em 13 países decresce à medida que os níveis de qualidade de governança corporativa aumentam.[8, 39]

FIGURA 22

PRÊMIO DO DIREITO DE VOTO EM 13 PAÍSES

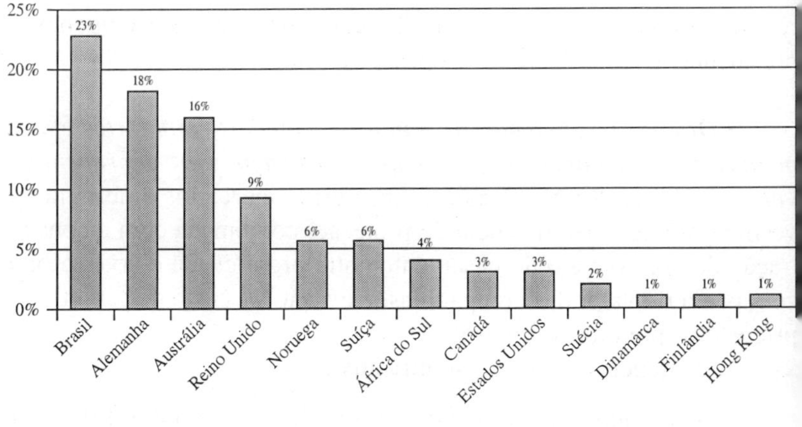

FONTE: Nenova, 2000.

ELABORAÇÃO: Claesseus, Stijn. Corporate, 2000. *Governance Reform Issues in the Brazilian Equity Markets*. Mimeo.

6) Comparativamente a esses 13 países, a baixa qualidade da proteção ao investidor no Brasil explica 54% do prêmio de voto e a qualidade das leis de *takeover* explica 46% (demais valores constantes); com base nessas estimativas, o prêmio médio para ações votantes no Brasil decresceria 10,67 pontos percentuais se a qualidade de proteção ao investidor se elevasse ao nível mais alto, enquanto que a elevação da qualidade das leis de *takeover* produziria uma queda adicional de 9,26 pontos percentuais.

7) Estima-se que, em média, o valor das companhias no Brasil se situa pelo menos *20% abaixo* do que seria, por conta da fragilidade dos direitos de propriedade; esses efeitos também aparecem quando se analisam companhias individualmente; empresas com propriedade individual (ou familiar) apresentam os maiores prêmios de voto, seguidas daquelas com propriedade distribuída, estatais e estrangeiras.[39]

8) Procianoy e Snider (1994)[42] verificaram que as políticas de dividendos no Brasil dependem das estruturas de propriedade — empresas com um único controlador pagam dividendos mais baixos — mesmo depois das mudanças de tributação de 1990, isentando os dividendos, enquanto que os ganhos de capital estavam sujeitos a tributação.

9) Pesquisas junto a investidores estimam impacto sobre valor de empresas e decisões de investimento.

Essas conclusões são ratificadas em pesquisa conduzida pela McKinsey em cooperação com o Banco Mundial (citada em Claessens, Stijn)[8] junto a 90 investidores institucionais, com ativos totais de US$ 1,65 trilhão, dos quais 70% investem ou já investiram na América Latina.[8]

Os resultados são significativos:

— Mais de 80% dessas entidades informaram que consideram a questão de governança corporativa importante nas suas decisões de investimento.

— Dentro desse tópico, quando perguntados sobre as questões de maior preocupação na América Latina, a maioria citou direitos de acionistas como primeira prioridade, seguida por transparência (*disclosure*) e finalmente o funcionamento dos conselhos de administração.

— As respostas sugerem que os ganhos de um padrão melhor de governança corporativa são consideráveis ao nível da empresa individual, em termos de um menor custo de capital; para o Brasil, 89% dos entrevistados informaram que pagariam um *prêmio médio de 22,9%* sobre os preços vigentes, na hipótese de serem obedecidos os critérios de padrão internacional de governança corporativa.

Um trabalho conduzido por Wei e Hall (2001), com apoio da Price Waterhouse Coopers, calculou para 35 países um índice de "opacidade" (*opacity index*), e estimou estatisticamente seu impacto sobre o fluxo de investimentos internacionais para esses países.

O índice tem cinco componentes (corrupção, opacidade em vários aspectos: legal, da política econômica, dos padrões contábeis e das regulamentações). Pesquisa de campo realizada junto a um grande número de executivos, analistas de ações e membros do quadro da Price nos países pesquisados gerou a pontuação para cada quesito.

Num intervalo observado no Índice de Opacidade entre 36 e 84 pontos para os 35 países examinados, o Brasil atingiu o índice 61, com 13 países apresentando índices ainda superiores. O modelo desenvolvido busca estimar o acréscimo de investimentos externos que um dado país, isoladamente, poderia ter, caso seu índice de opacidade fosse equivalente ao menor valor observado.[32] No caso do Brasil, essa análise gera uma estimativa da ordem de US$ 30 a US$ 40 bilhões anuais.

A CARGA TRIBUTÁRIA POTENCIAL
ELEVADA DISCRIMINA CONTRA A ECONOMIA FORMAL
E AS EMPRESAS ABERTAS

Existem razões para acreditar que um dos fatores subjacentes à tendência de redução do número de empresas abertas está associado à elevação da carga tributária potencial, aquela que seria suportada pelos contribuintes caso pagassem 100% dos impostos devidos.

A hipótese é a de que segmentos da economia formal têm encontrado dificuldade crescente para manter sua competitividade à medida que aumenta a carga tributária potencial e a importância relativa da economia informal. As empresas abertas representam um desses segmentos e estariam sendo discriminadas especialmente a partir de meados da década de 1980. Desde essa época, verifica-se praticamente em todos os anos a edição de medidas com aumento da carga tributária potencial, mediante elevação de alíquotas e criação de novos impostos e contribuições.

A carga tributária observada com base nos dados de contas nacionais se elevou de um patamar em torno de 24,5% nos primeiros anos da década de 1990 para cerca de 32% atualmente.

Por outro lado, existem indicações claras de crescimento acentuado da economia informal:

1) Dados do Seade para o estado de São Paulo mostram que entre 1985 e 1999 a proporção da PEA classificada nas categorias típicas da economia informal (trabalhadores sem carteira assinada, empregados domésticos, autônomos e "outros") elevou-se de 37,7% para 52,1%; esses dados evidentemente não consideram o "componente informal" nos casos em que numa relação formal de trabalho o salário de registro é inferior à remuneração efetivamente paga.

2) Trabalho recente[56] cruzando dados da Secretaria da Receita Federal e do IBGE estimou que num conjunto representativo de atividades e setores, cerca de 40% do faturamento não foi oferecido à tributação; é citado um relatório divulgado pela SRF, segundo o qual estima-se que 41,8% da renda tributável não pagam Imposto de Renda.

As implicações e evidências existentes quanto à carga potencial são significativas:

1) Se esses percentuais forem válidos também para pessoas físicas, a carga tributária observada (hoje 32%) estaria incidindo apenas sobre 60% do PIB, o que elevaria a carga tributária potencial para cerca de 53%.

2) Existem indicações de que as empresas abertas, sujeitas à auditoria externa, padrões de contabilidade estabelecidos pela CVM e obrigadas à divulgação trimestral de resultados, suportam carga tributária superior à média, dificultando sua competitividade e rentabilidade especialmente nos segmentos em que enfrentam a concorrência de segmentos da economia informal.

3) Em amostra de 143 empresas abertas selecionadas dentre as 500 maiores e melhores empresas do país, verificou-se que a mediana da carga tributária sobre o valor adicionado atinge 49,3%; em outros termos, metade das empresas abertas tem carga tributária sobre o valor adicionado superior a 49,3%.

TABELA 27

CARGA TRIBUTÁRIA SOBRE O VALOR ADICIONADO —
RESUMO POR SETOR — EMPRESAS ABERTAS

SETOR	QDADE	CARGA TRIBUTÁRIA	VALOR ADICIONADO	PARTICIPAÇÃO (%)
Duráveis de Consumo	20	7.095.402	9.786.838	72,5%
Não-duráveis	123	21.438.352	48.084.724	44,6%
TOTAL	**143**	**28.533.754**	**57.871.526**	**49,3%**

PROF. ARIOVALDO DOS SANTOS — FEA-USP.
ROCCA, C.A. & CARVALHO, A.G., 1999. *Mercado de Capitais e o Financiamento das Empresas Abertas*. Fipe/Abrasca.

Estas indicações reforçam a hipótese de existência de uma relação entre o aumento da carta tributária potencial e a redução do número de empresas abertas, ao mesmo tempo que é estimulado o crescimento da economia informal.

Do ponto de vista do financiamento do setor produtivo, as implicações são da maior gravidade:

4) Uma parcela grande e crescente do setor produtivo brasileiro não tem qualquer condição de acessar o mercado de capitais — a ausência de transparência, característica típica básica da economia informal, impede qualquer aproximação com esse mercado.

5) O acesso a crédito bancário de grande parcela da economia brasileira é também prejudicado; a avaliação e monitoração do risco de crédito se transforma em processo caro, artesanal e ineficiente, que se traduz em limites estreitos e prêmios de risco elevados — capital caro e escasso.

— Informações obtidas junto a gestores de fundos de *private equity* dão conta de que cerca de 70% das empresas selecionadas para fins de investimento (tipicamente empresas fechadas com grande potencial) não ultrapassam a fase de *due diligence*, dada a ausência de consistência entre registros contábeis e faturamento efetivo e contingências tributárias.[48]

6) Em muitos desses casos, sua migração para o formal comprometeria os resultados, sugerindo que em muitos segmentos a redução da carga tributária é transferida para os preços de venda.

A ação eficaz para reverter as tendências apontadas corresponde à execução de uma reforma tributária com forte redução de alíquotas e aumento da base de tributação.

PARA OS INVESTIDORES:
RISCOS ELEVADOS, BAIXA ATRATIVIDADE

As observações anteriores demonstram as insuficiências do mercado brasileiro quanto à governança corporativa, transparência e aplicação da lei, que agregam riscos para acionistas minoritários e credores.

A essas limitações, deve-se adicionar questões relativas a custos de transação, volatilidade, liquidez, organização dos mercados e padronização.

• *Custos de transação elevados/CPMF:* Estimativas do custo de transação na Bovespa mostram que os custos referentes a emolumentos e comissões, dependendo da hipótese, podem estar entre +28,93% ou –20,66% dos custos da mesma operação na Nyse; com a incidência da

CPMF à alíquota de 0,38% os custos de transação seriam respectivamente 405,81% e 356,22% superiores aos da Nyse.[40]

O impacto da CPMF na transferência das transações para bolsas internacionais é dramático: os custos com emolumentos e comissões são estimados entre 8 e 13 BP (pontos básicos, os *basic points*), as taxas de administração podem ser tão baixas quanto 15 a 30 BP ao ano, que se comparam com 38 pontos básicos da CPMF, por transação.

No mercado de renda fixa, as observações são semelhantes. No mercado de *euro bonds* brasileiros o custo por transação é da ordem de 0,10%.

• *Volatilidade macroeconômica aumenta o risco, as taxas de juros são elevadas, as taxas de retorno atraem poucos investidores*: A instabilidade macroeconômica devida a fatores domésticos, combinada com a vulnerabilidade relativamente elevada da economia brasileira a turbulências do mercado internacional, tem gerado elevados níveis de volatilidade e de risco de mercado nos investimentos em ações.

FIGURA 23

DESVIO PADRÃO ANUALIZADO DOS RETORNOS
DOS ÍNDICES DE AÇÕES
(*1992 — 1997*)

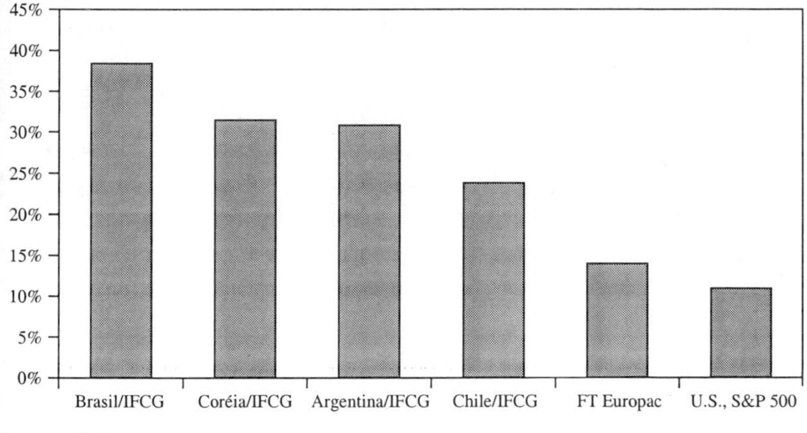

FONTE: IFC.
ELABORAÇÃO: Care Consultores Associados.

A comparação da volatilidade do Ibovespa com outros índices internacionais serve para ilustrar esse ponto. No período de 1992 a 1997, o desvio padrão anualizado dos retornos do Ibovespa é de quase 40% contra pouco mais de 10% do S&P500 e cerca de 14% do FT Europac, (índice IFC-G). Na Figura 23 essas diferenças podem ser visualizadas.

Por outro lado, a combinação de elevadas taxas de juros e alta volatilidade compromete a atratividade do investimento em ações para muitos segmentos de investidores, reduzindo a participação desses papéis na sua carteira de investimentos.

Dadas as intensas flutuações e choques de natureza macroeconômica observados no Brasil das últimas décadas, os resultados de comparação entre retorno de ações e de renda fixa dependem dramaticamente do período de análise e de sua extensão.

Por exemplo, tomando-se 255 períodos móveis de 60 meses entre janeiro de 1980 e março de 2001, a comparação das taxas de retorno anualizadas em dólares do Ibovespa e do Selic mostra o seguinte:

FIGURA 24

IBOVESPA X SELIC

(*Rendimento acumulado em 5 anos em dólar*)

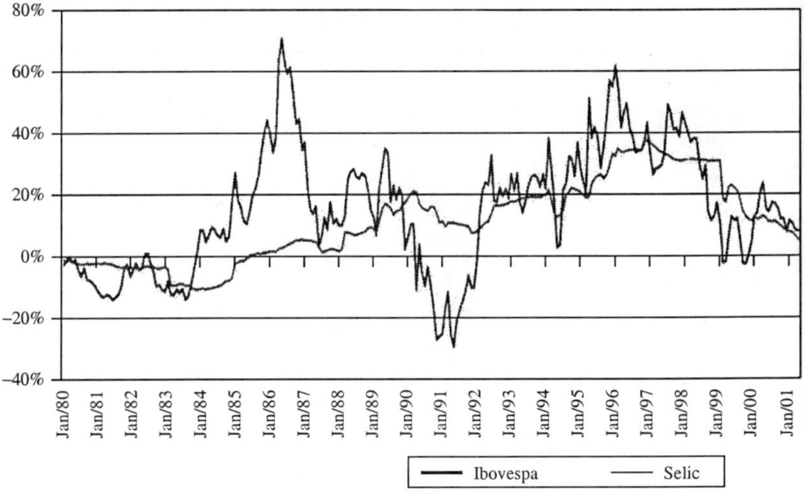

ELABORAÇÃO: Care Consultores.

Algumas observações:

1) Embora o retorno anual médio do Ibovespa nos 255 períodos seja superior ao da Selic (14,29% contra 11,20%), sua volatilidade é muito alta:

— O intervalo de valor dos retornos acumulados em cinco anos móveis nesse período vai de –28,85% (período de cinco anos iniciado no pico do Plano Cruzado) até 68,93% (período de cinco anos iniciado em 1981 e terminado em abril de 1986, no pico do referido plano); comparativamente, no período de menor retorno o Selic teve –11,29% e um máximo de + 37,17%.

— Em apenas 158 dos 255 períodos de 60 meses *(62% das vezes)* o Ibovespa superou o Selic.

2) Para fins de comparação, é relevante registrar que nos mesmos 255 períodos móveis de 60 meses, o retorno anual médio do índice S&P500 da Bolsa de Nova York foi de 11,53% (contra 2,27% dos *Fed Funds*), mas com volatilidade incomparavelmente menor: enquanto o

FIGURA 25

SP500 X FED FUNDS

(Rendimento acumulado em 5 anos)

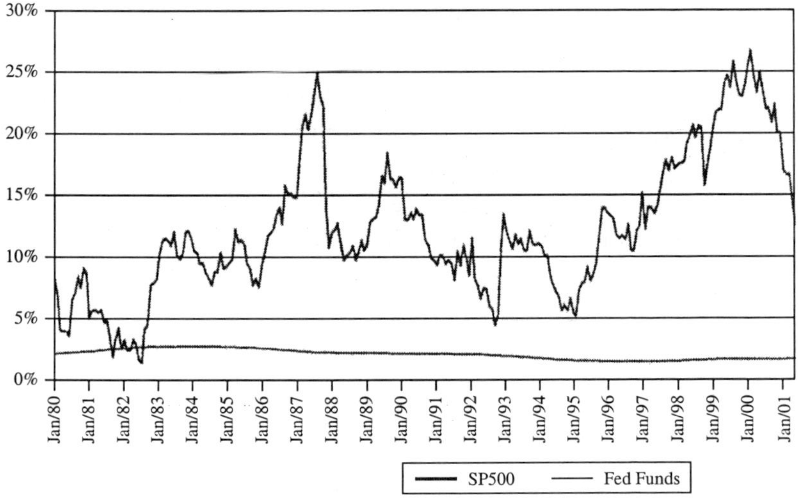

ELABORAÇÃO: Care Consultores.

105

desvio padrão anualizado dos retornos mensais do Ibovespa é de 69,3% no período, o do S&P500 é de apenas 15,3%:

— O intervalo de valor dos retornos acumulados em cinco anos móveis nesse período vai de 1,61% (período de 60 meses terminado em julho de 1982) até 26,18% (60 meses terminados em dezembro de 1999).

— O S&P500 superou os *Fed Funds* em *96,6% das vezes* no período.

• *A maioria dos ativos disponíveis no mercado de capitais brasileiro tem baixa liquidez, comprometendo a formação de preços:* No mercado acionário, o indicador relativo à presença em pregão, já apresentado, mostra que a grande maioria das ações tem baixa liquidez. No caso de ações ordinárias, o principal fator é a pequena disponibilidade de ações em mercado (*free float*) face à concentração em mãos dos controladores: em 80,9% das companhias (585 num total de 723), o grupo controlador detém mais de 60% das ações ordinárias, sendo que em 60,3% dos casos esse percentual é superior a 80%.

No caso de ações preferenciais, praticamente as únicas com liquidez, o quadro se altera. Verifica-se que em apenas 1/3 das companhias acionistas (34,8%) os controladores que detêm mais de 5% das ações ordinárias possuem mais de 50% das ações preferenciais. O volume de ações preferenciais no mercado é consideravelmente superior ao de ordinárias.

• *Mercado secundário de títulos de dívida privados: ausência de padronização e formação de preços*: Além das demais questões que afetam negativamente o mercado (juros básicos, e custos de transação — CPMF), o mercado secundário de títulos de dívida privada tem pelo menos dois obstáculos que inibem seu desenvolvimento:

1) Ausência de padronização: o desenvolvimento do mercado requer a existência de contratos padronizados, facilmente compreensíveis e executáveis; os títulos de dívida privados e especialmente as debêntures têm sido caracterizados pela especificidade e complexidade de suas escrituras de emissão.

2) Ausência de formação de preços: inexistem mecanismos de formação de preços; a utilização de sistemas de pregão eletrônico

de baixo custo é o padrão observado atualmente nos mercados desenvolvidos.*

• *A tributação do Imposto de Renda, não harmonizada com as práticas internacionais, discrimina contra a poupança de longo prazo:*
1) Renda fixa e renda variável — Até 2002 o Imposto de Renda tributará igualmente o rendimento de renda fixa, a renda variável e os ganhos de capital; a uniformização com o tratamento tributário dominante no plano internacional implica tributação menor para ganhos de renda variável e ganhos de capital.

2) Tributação de rendimentos de fundos de pensão — No caso de fundos de pensão, o diferimento do Imposto de Renda para o momento do pagamento dos benefícios é critério praticamente unânime no mundo, especialmente nos países em que os fundos de pensão atingiram desenvolvimento significativo.

Sua tributação antecipada constitui forte desincentivo a esse mecanismo de mobilização de poupança e adquire característica discriminatória em relação aos planos de previdência aberta, não sujeitos a essa tributação.

• Fatores culturais não favorecem o mercado de capitais: Destacam-se pelo menos as seguintes observações:
1) Empresas: cultura de empresa familiar, controle concentrado e não compartilhado:
— A característica básica do sistema jurídico brasileiro (*civil law*) reforça a empresa fechada de controle familiar, fundada em leis e regulamentos com elevado grau de intervenção, estabelecendo regulamentação detalhada para contratos privados.

— A tradição de concessões públicas e participação estatal se antepõe à tradição anglo-saxônica de empreendimentos privados, na qual contratos fazem lei entre as partes (*common law*), e em que a regulação tem base na noção do homem prudente (*prudent man rule*), que caracterizou a mobilização de recursos para o financiamento do setor privado, desde a Revolução Industrial.

---

* Em maio de 2001 foi lançado o Bovespa Fix. Ver adiante, quando se apontam as iniciativas adotadas quanto ao mercado de capitais.

2) Economia informal — No Brasil, agregaram-se à cultura de empresa fechada de controle familiar décadas de reforço ao crescimento da economia informal, mediante a construção de um complexo e oneroso sistema tributário, em que a ausência de padrões contábeis definidos e de transparência de informações tornam parcela considerável da economia não elegível para participar do mercado de capitais, além de desfrutar de acesso restrito ao crédito bancário.

3) Investidores — Pequena penetração e popularidade do investimento em ações:

— A concorrência com ativos de renda fixa com elevada remuneração e as condições de alta volatilidade, baixa transparência e insuficiente proteção a minoritários em que opera o mercado de ações não induziram de modo algum à popularização do investimento em ações, hoje restrito a uma parcela muito pequena da população.

— O modo de implementação do programa de privatização não utilizou mecanismos que estimulassem a pulverização das ações e sua disseminação como alternativa de investimento; a recente operação de distribuição das ações da Petrobras, facultando-se a utilização de recursos do FGTS para sua aquisição, pode sinalizar saudável mudança de posicionamento.

4) Opinião pública em geral: sistema financeiro em oposição ao setor real e ao crescimento econômico; mercado de capitais: jogo para profissionais.

— A opinião pública em geral não favorece o mercado de capitais ou mesmo o sistema financeiro como um todo: a ligação positiva entre mercado de capitais ou bancos e crescimento econômico não faz parte da observação e experiência das últimas décadas da população brasileira.

— É possível até identificar razões pelas quais essa percepção registre uma relação inversa: as elevadíssimas taxas de juros cobradas do setor produtivo pelo sistema bancário colocam em clara oposição essa fonte de financiamento com o crescimento da produção e do emprego, ao mesmo tempo que o mercado acionário é percebido como um jogo para profissionais, sem ligação com o setor real.

CAPÍTULO III

Iniciativas recentes: governo e setor privado

DESENVOLVIMENTO DO MERCADO DE CAPITAIS REQUER AÇÕES DO SETOR PÚBLICO E DO SETOR PRIVADO

DO SIMPLES EXAME dos obstáculos identificados anteriormente, verifica-se que muitas das condições a serem criadas para o eficiente desempenho do mercado de capitais e o seu desenvolvimento são de responsabilidade governamental. No mínimo, se incluem nessa condição a redução das taxas de juros mediante consolidação do ajuste fiscal, reforma do sistema tributário, ajustes da legislação societária e de proteção a credores, além do reforço aos mecanismos e instrumentos que garantam o cumprimento de leis e contratos (*enforcement*).

Entretanto, verifica-se que a construção de um mercado de capitais eficiente e competitivo em termos internacionais requer mudanças que são de responsabilidade direta de todos os participantes do mercado. Por exemplo, incluem-se aí o exercício mais amplo da autoregulação por parte das Bolsas e outras entidades do setor privado, a adoção de novo posicionamento estratégico e a superação de restrições de natureza cultural por parte das empresas, o aumento da eficiência dos sistemas de negociação e distribuição, avanços da qualidade de governança por parte dos investidores institucionais e difusão da cultura de mercado de capitais para os investidores individuais.

Nos últimos anos, novos posicionamentos, propostas e iniciativas têm sido adotados pelo governo e o setor privado no que se refere ao mercado de capitais. O objetivo deste capítulo é apresentar de modo sumário uma visão panorâmica dessas inovações, algumas das quais serão objeto de tratamento mais detalhado em "Propostas e sugestões para o desenvolvimento do mercado de capitais", neste livro.

Registre-se desde já que não existe a pretensão de realizar um inventário exaustivo desses pontos, mas apenas destacar algumas das iniciativas aparentemente mais correlacionadas com as preocupações e obstáculos evidenciados no diagnóstico apresentado nas seções anteriores.

ACELERAÇÃO E MODERNIZAÇÃO DO SISTEMA BANCÁRIO

A consolidação e a modernização do sistema bancário têm sido aceleradas pela estabilização, a abertura da economia, a entrada de bancos estrangeiros e a privatização de bancos estatais. Com o aumento da concorrência daí resultante e os avanços da regulamentação promovidos pelo Banco Central, verifica-se a progressiva redução de *spreads* e avanços na qualidade da administração de riscos de crédito e de mercado.

Embora ainda no início, já podem ser identificados os primeiros resultados desse processo de modernização:

• Queda acentuada da participação do sistema bancário no PIB de mais de 12% na primeira metade da década de 1990, para cerca de 6,8% em 1995 e provavelmente menos de 5% em 2000.

• Redução do número de bancos.

• Redução de coeficientes de depósitos compulsórios.

• Aumento de volume de crédito ao setor privado: pessoa física e pessoa jurídica.

• Queda dos *spreads* nas operações de crédito.

NO MERCADO DE CAPITAIS, VÁRIOS POSICIONAMENTOS E INICIATIVAS ADOTADOS, COM IMPACTO LIMITADO

As autoridades públicas e entidades do setor privado têm ressaltado recentemente a importância e a prioridade que devem ser atribuídas ao desenvolvimento do mercado de capitais. Além disso, várias iniciativas relevantes têm sido implementadas ou anunciadas nessa área, destacando-se:

SETOR PÚBLICO

O mercado de capitais foi definido como prioridade pelo presidente da República, em novembro de 1999. A Agenda do governo para o biênio 2001-2002 inclui expressamente a reforma do mercado de capitais e redução do custo de capital dentre as ações consideradas essenciais. Considera-se que a democratização e o fortalecimento do mercado de capitais são fundamentais para estimular o aumento de poupança interna, a alocação eficiente e a redução do custo de capital.

Pode-se destacar algumas das iniciativas incluídas na referida Agenda:

• Reforma da Lei das Sociedades Anônimas — Projeto de Lei n. 3.115, no Congresso, visando aumentar a eficiência, mediante melhor governança corporativa, com foco na proteção ao acionista minoritário.

• Aprimoramento dos padrões contábeis das empresas abertas e exigência de transparência para empresas fechadas a partir de certo tamanho. Projeto de Lei 3.741/00, no Congresso.

• Regulamentação da previdência complementar, para os setores público e privado, incentivando hábitos de poupança a longo prazo. Nesse contexto, podem-se apontar pelo menos três medidas aprovadas recentemente e já em pleno vigor:

— Nova regulamentação das aplicações para os fundos de pensão (Resolução n. 2.829 de 29/03/01 do CMN).

— Nova legislação de previdência privada complementar: fundos de pensão e previdência aberta.

— Lei Complementar n. 109 de 29/05/01, que estabelece as bases legais para o regime de previdência complementar; dentre outras inovações, cria a figura de instituidor de planos fechados (associações, clubes, sindicatos), figura antes restrita a empresas patrocinadoras, regula a portabilidade e estabelece novos e melhores padrões de *governance* e transparência.

— Lei Complementar n. 108 de 29/05/01, que regula a relação entre entidades do setor público (inclusive empresas estatais) e as entidades fechadas de previdência complementar existentes ou que venham a ser criadas visando seu pessoal; estabelece requisitos de preservação do equilíbrio atuarial e padrões mais exigentes de governança corporativa para essas entidades.

• Revisão da Lei de Falências visando favorecer a realocação eficiente do capital e a redução do custo do crédito (PL 4.376/93).

• CVM: o Relatório de Atividades de 2000 traduz definição clara de objetivos e prioridades, voltadas para a maior proteção a investidores, governança corporativa, transparência e aplicação da lei (*enforcement*), e a visão de que essas ações são fundamentais para o desenvolvimento do mercado e eficazes para a redução do custo de capital das empresas.

• Instituição de uma agência única para a supervisão do mercado de capitais, seguros e previdência complementar, com ênfase na proteção do cidadão, como investidor e do consumidor.

• CVM: várias instruções visando à proteção ao acionista minoritário, maior transparência e melhores padrões de governança corporativa de empresas abertas.

• CVM/Bacen: a regulamentação de fundos de investimento, reforçando padrões de governança corporativa e proteção a investidores (*chinese wall*, normas prudenciais), transparência, padrões de valorização de ativos e monitoração de riscos.

• BNDES/BNDESPAR: participação complementar à do mercado de capitais e setor privado; adição de condições de elegibilidade de projetos baseadas em critérios de boa governança corporativa.

• Implantação da Comissão do Mercado de Capitais no Bacen, coordenada pelo presidente do Banco Central, com participação da CVM, SPC, Susep e outros órgãos públicos.

SETOR PRIVADO

Destacam-se as seguintes iniciativas recentes:

* Bovespa:
— Novo sistema operacional — Megabolsa   1996/97
— Criação da CBLC — *Clearing* independente   1997
— Introdução do sistema *Home Broker*   1999
— Início das operações *After Market*   1999
— CBLC adquire a Câmara de Liquidação
  e Custódia da Bolsa do Rio
— Acordo de Integração Nacional:
  Bovespa — Centraliza mercado secundário de ações
  BVRJ — Mercado secundário de títulos públicos   2000
— Novo Mercado   Março de 2001
— Mercado Global — Adesão da Bovespa ao
  Global Equity Market
— Em estudos e negociações   2000
— Bovespa Fix   2001

Bovespa e CBLC organizaram um ambiente integrado para a negociação, liquidação e custódia de títulos de dívida privados, baseado em sistema eletrônico (Sisbex). O funcionamento do mercado oferece total transparência, com oferta e preços de fechamento divulgados em tempo real. Nas colocações primárias, emissores e *underwriters* podem utilizar *book building* ou leilão eletrônico A iniciativa veio suprir uma deficiência importante do mercado desses papéis, oferecendo agora mecanismos transparentes e confiáveis de formação de preços.

* BVRJ — Bolsa de Valores do Rio de Janeiro:
Implantação do Sisbex   Agosto de 2000

Trata-se de um sistema de negociação de títulos públicos, e outros ativos, baseado em regras e elevados padrões de transparência, visando à correta formação de preços. São negociados no Sisbex diversos tipos de títulos públicos de emissão do Tesouro Nacional e do Banco Central, negociações estas que poderão ser estendidas a títulos de emissão dos estados e municípios.

A BVRJ já solicitou autorização ao Banco Central para a negociação de moedas estrangeiras no mercado interbancário de câmbio e se prepara para operacionalizar leilões primários de letras hipotecárias de emissão da Caixa Econômica Federal. Eventualmente poderão ser negociados também no Sisbex títulos de dívida externa emitidos pela União e atualmente transacionados no exterior.

• Andima:

— Redução dos custos do SND/Sistema Nacional de Debêntures para estimular novas emissões; neste ano, a diminuição de custos para os usuários acumula, na média, cerca de 24%, englobando não apenas despesas operacionais, mas também os serviços ligados ao Sistema.

— Trabalhos de Orientação de Cálculos e de Textos para as Escrituras de Debêntures, desenvolvidos por representantes do setor financeiro, técnicos da Andima e da Cetip e advogados especializados.

— Operações compromissadas com debêntures. A Andima sempre reivindicou sua regulamentação; como resultado dessa medida, o volume médio diário negociado no SND saltou de 36 milhões de reais no último quadrimestre do ano passado para 64 milhões de reais nos quatro primeiros meses de 2000, um crescimento de 80%.

— Reformulação do SND. A Andima, em parceria com a Cetip, vem trabalhando para oferecer novas e importantes informações aos usuários do Sistema: PU da curva da debênture e agenda contendo os principais eventos da vida do título.

— Disponibilização de informações. Criação de *site* na Internet (www.debentures.com.br) com informações sobre todos os papéis registrados no SND desde a sua criação, ou seja, mais de 600 emissões divididas em 1.200 séries, além da legislação do setor, os comunicados, os documentos necessários para cadastramento no Sistema e uma vasta bibliografia sobre o assunto.

— Securitização de Recebíveis. A Andima está desenvolvendo projeto de criação de uma Empresa Administradora de Recebíveis, a Timbre, que terá como função específica conferir maior segurança e transparência às negociações de créditos a receber, dentro do sistema financeiro.

— Redução de custos de transação através do uso de novas tecnologias. A criação da RTM/Rede de Telecomunicações do Mercado, pela Andima, ao final de 1996, significou um canal único de melhor *performance* para acesso a diversos serviços e operações no âmbito do mercado financeiro.

— Pregão eletrônico para negociação e formação de preços. Recentemente a Cetip criou o SIM/Sistema Integrado de Mercados. Trata-se de um sistema eletrônico de negociação, que permite realizar leilões, colocação primária de títulos e negociação no mercado secundário.

• Anbid:

— Código de Auto-Regulação da Anbid para a Indústria de Fundos de Investimento.

Apesar da importância e dos efeitos potenciais positivos dessas iniciativas, verifica-se que seu impacto sobre o volume das operações e principalmente sobre as condições de financiamento do setor privado tem sido muito limitado.

PROGRAMA
COM OBJETIVOS DEFINIDOS
E PARTICIPAÇÃO DO SETOR PÚBLICO E PRIVADO
É OPORTUNO, PRIORITÁRIO E URGENTE

Embora esses pronunciamentos e iniciativas não assegurem a existência de uma visão única quanto ao papel a ser desempenhado pelo mercado de capitais na economia brasileira, constata-se a existência de uma convergência inédita de opiniões e posicionamentos no sentido de considerar o desenvolvimento do mercado de capitais como prioridade para a retomada e sustentação do crescimento econômico.

Acredita-se que a eficácia dessas mudanças tem sido ou será prejudicada, dentre outras razões, por sua natureza pontual, não refletindo um conjunto de ações coordenadas adotadas a partir de uma visão consistente do papel e da configuração do mercado de capitais na economia brasileira.

Como foi destacado, embora muitas dessas condições sejam de responsabilidade governamental, verifica-se que existe amplo espaço para a atuação das empresas e entidades do setor privado.

Trata-se aparentemente do momento oportuno para complementar e consolidar essas medidas pontuais, mediante a adoção de um programa de ação com objetivos definidos, com suficiente senso de urgência, a ser implementado mediante parceria entre o governo e o setor privado.

Na próxima seção, faz-se um exercício de sistematização de um conjunto de propostas e sugestões voltadas essencialmente para a superação dos obstáculos ao desenvolvimento do mercado de capitais identificados nas seções anteriores.

CAPÍTULO IV

Propostas e sugestões para o desenvolvimento do mercado de capitais

AS PRINCIPAIS PROPOSTAS e sugestões identificadas são apresentadas a seguir, adotando-se os seguintes critérios:

• Foram enquadradas como "sugestões" medidas genéricas, ainda sem detalhamento ou formatação.
• As "propostas" correspondem a medidas detalhadas, como é o caso do Substitutivo ao Projeto de Lei 3.115 (Nova Lei das S.A.) e do Projeto de Lei 3.741/00, relativo às novas normas de contabilidade.
• As "iniciativas recentes" contêm medidas já adotadas ou em operação, mas que se encontram no início ou iniciando seu funcionamento, como é o caso do Novo Mercado da Bovespa.
• Para facilitar a visualização, as sugestões propostas e iniciativas foram organizadas em alguns grupos correlacionados com vários fatores ou aspectos que afetam o mercado de capitais; convém notar que nem sempre os efeitos de uma dada sugestão ou proposta se limitam ao grupo em que a mesma foi classificada.

CONDIÇÕES MACROECONÔMICAS

Trata-se da consolidação do ajuste fiscal e da criação de condições institucionais que confiram credibilidade à sua preservação no longo prazo. A redução da taxa de juros e sua manutenção em níveis próximos às das internacionais é na verdade o resultado da construção da credibilidade nas condições de permanência da estabilização.

Como já foi enfatizado, a superação de todos os demais fatores de inibição do mercado de capitais adiante assinalados teria seus efeitos positivos consideravelmente limitados à medida que a taxa básica de juros se distanciasse dos padrões internacionais.

Sugestão: Redução das taxas de juros de títulos públicos — Abrasca, Andima, Fiesp.

REDUÇÃO DE CUSTOS E DESVANTAGENS DAS EMPRESAS ABERTAS

ELIMINAÇÃO DA DISCRIMINAÇÃO CONTRA A ECONOMIA FORMAL

Sugestão:
REFORMA TRIBUTÁRIA
— Redução da carga tributária potencial: redução das alíquotas e ampliação da base de tributação (ReC).
— Reformas tributária, previdenciária e trabalhista: aumento da base de arrecadação e redução de alíquotas de tributos (Fiesp).
— Alternativa temporária: redução temporária de tributação para empresas abertas que atendam integralmente às condições de governança corporativa e *disclosure,* até que seja reduzida a carga tributária potencial.

Proposta:
PROJETO DE LEI 3.741/00
— *Publicação de balanços — empresas fechadas.*
— Obrigatoriedade de publicação de demonstrações financeiras auditadas por parte de empresas fechadas com faturamento superior a R$ 150 milhões ou ativos acima de R$ 120 milhões.

REDUÇÃO DE CUSTOS
DE EMPRESAS ABERTAS

Sugestão:
— Remessa de balanços via e-mail para CVM, disponível no *site* Abrasca; a companhia pode publicá-los condensados (Abrasca).
— Redução progressiva das anuidades das bolsas para valores fixos (Abrasca).
— Eliminação da taxa de fiscalização da CVM para companhias até certo porte (Abrasca).
— Eliminação da auditoria trimestral — convênio com Abamec para identificação de problemas junto à CVM.

Proposta:
NOVA LEI DAS S.A.
— Flexibilização de condições de acesso conforme o porte, a natureza e o volume dos valores mobiliários (Nova Lei das S.A., art. 4º).

TRIBUTAÇÃO
DO IMPOSTO DE RENDA
NO MERCADO DE CAPITAIS

Sugestão:
— Redução da tributação de fundos de ações em relação a fundos de renda fixa (Ibef).
— Eliminação da tributação de ganhos de capital em ações após um período de um ano de manutenção da posição (Ibef).
— Tributação de ganhos em fundos em geral apenas no resgate (Ibef).
— Tributação de fundos de pensão diferido para o pagamento do benefício.

REDUÇÃO DOS CUSTOS DE TRANSAÇÃO

Sugestão:
— Eliminação do CPMF sobre transações em Bolsas de Valores, em mercados organizados de Balcão ou em contratos futuros de ações (Ibef, R e C).
— Novas tecnologias e redução de custos de transação

Iniciativas recentes:
BOVESPA
— Redução de 20 a 25% nas anuidades cobradas de companhias listadas em 2000 em relação a 1999.
— Criação do *home broker* e *after hours.*
ANDIMA — CETIP
— Redução de custos do SVD/Sistema Nacional de Debêntures, com diminuição média da ordem de 24% em 2000.

PROTEÇÃO A INVESTIDORES

GOVERNANÇA CORPORATIVA

CLASSES DE AÇÕES

Sugestões:
— Todas as novas emissões devem ser de ações ordinárias (CL).
— Redução para 1/3 do capital total ou eliminação de ações preferenciais (Ibef).

Propostas:
NOVA LEI DAS S.A.
— Companhias novas: máximo de 50% de ações PN; antigas com 2/3 podem manter inclusive para novas emissões — *extensão do direito de preferência para atuais preferencialistas para as que quiserem se ajustar.*

Iniciativas recentes:
BOVESPA
NOVO MERCADO DA BOVESPA
— Emissão exclusivamente de ações ON.
— Compromisso de não emitir Partes Beneficiárias.

DIVIDENDOS E DIREITOS
DE PREFERENCIAIS

Sugestões:
— Novas PNs devem ter dividendos fixos, de acordo com práticas internacionais (CL).

Propostas:
NOVA LEI DAS S.A.
Três alternativas:
— Prioridade no recebimento de dividendo mínimo prioritário de 3% sobre valor do patrimônio líquido por ação e do excedente (depois de igual pagamento às ordinárias) em igualdade com as ordinárias ou
— Reembolso por 80% do valor às ações do bloco de controle, dividendo igual ao das ordinárias ou
— Dividendos 10% maiores que os das ordinárias.

TRANSFERÊNCIA DE CONTROLE
E NEGOCIAÇÃO DE AÇÕES DE PRÓPRIA

Sugestões:
— Oferta pública na transferência de controle (CL).
— Restabelecer condições pré-1997: oferta pública de compra e igual tratamento para não controladores (CL), Ibef.
— Incluir as PNs na oferta pública de compra, com algum desconto em relação às ONs (20% — 25%) (CL); (Ibef 20%).

Propostas:
NOVA LEI DAS S.A.

— Minoritários de ON — oferta pública de compra; preço igual ao do grupo controlador.

— PN (para os que optarem) no mínimo 80% desse preço; exclui estatais já incluídas no programa de privatização até 31/12/00.

Iniciativas recentes:
BOVESPA
NOVO MERCADO DA BOVESPA
— Oferta a todos os acionistas nas condições obtidas pelos controladores, em caso de venda de controle da companhia (*Tag Along*).

CVM
Instrução 299 de 09/02/99 — restabelece e reforça as regras anteriores a 1997 quanto à divulgação, oferta pública de compra compulsória e direito de recesso, exceto quanto à obrigatoriedade de pagar preço igual ao do controlador.

FECHAMENTO DE CAPITAL

Propostas:
NOVA LEI DAS S.A.
— Oferta pública de compra com base no valor econômico da companhia (art. 4º par. 4º).

— O controlador que elevar sua participação de modo a impedir a liquidez do mercado, será obrigado a fazer uma oferta pública de compra pelo valor econômico (art. 4º par. 6º).

Iniciativas recentes:
CVM
Instrução 345 de 04/09/2000: estabeleceu normas de proteção de acionistas minoritários contra risco de liquidez nas ofertas públicas de fechamento de capital e aquisição de ações por parte do controlador.

BOVESPA
NOVO MERCADO DA BOVESPA
— Oferta pública pelo valor econômico.

Direito de Recesso

Sugestões:
— Restabelecimento do direito de recesso (Ibef).

Propostas:
NOVA LEI DAS S.A.
— Introdução do direito de recesso na cisão da companhia quando esta importar em redução do dividendo obrigatório, em participação em grupo de sociedades ou em mudança do objeto social.

Dispersão de Ações

Sugestões:
— Ações no mercado *(public float)* no mínimo de 20% (CL).

Propostas:
NOVA LEI DAS S.A.
— Conceitos de liquidez e dispersão (art. 137 — II):
• Liquidez: quando a ação integra um índice representativo de carteira de valores mobiliários, definido pela CVM.
• Dispersão: quando o controlador direta ou indiretamente detém menos de 50% da espécie ou classe da ação.

Iniciativas recentes:
BOVESPA
NOVO MERCADO DA BOVESPA
— 25% das ações (no caso, só ordinárias) fora do grupo de controle.

Assembléia Geral

Propostas:
NOVA LEI DAS S.A.
— Acionistas com 10% do capital social podem convocar Assembléia para deliberar quanto à existência de conflito de interesse (art. 115 par. 5º).

— Convocação para Assembléia com antecedência de 15 dias; segunda convocação com antecedência de 8 dias (art. 115 par. 8°).

Iniciativas recentes:
BOVESPA
NOVO MERCADO DA BOVESPA
— Aumento do prazo de convocação para no mínimo 15 dias.

REPRESENTAÇÃO DE MINORITÁRIOS
NA ADMINISTRAÇÃO

Sugestões:
— Representação na Diretoria das ações PN.
— Preferencialistas não ligados aos controladores deveriam poder indicar um diretor, por solicitação de 10% do capital total (CL).

Propostas:
NOVA LEI DAS S.A.
— Representação no Conselho de Administração (Nova S.A. — art. 141).
— Preferencialistas com 10% do capital social elegem e destituem um membro do Conselho de Administração.
— Ordinaristas minoritários com 15% do capital votante elegem e destituem um membro do Conselho de Administração.

Iniciativas recentes:
BOVESPA
NOVO MERCADO DA BOVESPA
— Mandato unificado de um ano para todos os membros do Conselho de Administração.

REPRESENTAÇÃO E FUNCIONAMENTO
DO CONSELHO FISCAL

Sugestões:
— Conselho Fiscal obrigatório em todas as companhias com ações PN (CL).

— Acionistas ON e PN não ligados ao controlador, em conjunto, elegem maioria (CL).

Propostas:
NOVA LEI DAS S.A.
— Preferencialistas elegem um membro (art. 161).
— Ordinaristas minoritários com 10% das ações com direito a voto: um membro.
— Controladores: dois membros.
— Auditor independente: um membro.

Iniciativas recentes:
BOVESPA
NOVO MERCADO DA BOVESPA
— Quando instalado, o Conselho Fiscal deverá contar com maioria de membros eleitos por acionistas investidores.

CVM
A Instrução 324 de 19/01/00 reduz os percentuais mínimos de participação acionária necessários para o pedido de instalação do Conselho Fiscal de 10% das ON e 5% das PN, para níveis inferiores, em escala decrescente: quanto maior for o capital social, para até 2% das ON e 1% das PN para capital superior a R$ 150 milhões. Parece incorreto.

PRÁTICAS
DE GOVERNANÇA CORPORATIVA

Sugestões:
— Auditores independentes devem se reportar à Diretoria ou ao Comitê de Auditoria, com maioria de diretores não ligados ao controlador (CL).
— Divulgação do grau de enquadramento *(compliance)* das companhias com o código do IBCG (Instituto Brasileiro de Governança Corporativa) (CL).

— Prioridade para acesso a recursos de fundos de pensão e BNDESPAR para empresas abertas e fechadas (Fiesp).

— Divulgação pública do conceito de boa governança corporativa (Abrasca).

Propostas:
NOVA LEI DAS S.A.

— Auditores independentes escolhidos ou destituídos pelo Conselho de Administração, com direito a veto dos representantes de preferencialistas e ordinaristas minoritários (art.142 par. 2º).

Iniciativas recentes:
CVM

— A Instrução 323 de 19/01/00 define hipóteses de exercício abusivo do poder de controle.

— A Instrução 341 de 13/07/00 veda a inserção na rubrica de "assuntos gerais", no anúncio de convocação de Assembléia Geral, de matéria que dependa de deliberação da referida Assembléia.

TRANSPARÊNCIA (*DISCLOSURE*)

DEMONSTRAÇÕES FINANCEIRAS

Sugestões:

— Novos padrões de contabilidade: harmonização com padrões internacionais (R, G).

— Reforço de exigências de transparência de informações e demonstrativos financeiros (Ibef).

Iniciativas recentes:
BOVESPA
NOVO MERCADO DA BOVESPA

— Demonstrações financeiras em US Gaap ou Iasc Gaap.

— Balanço e informações anuais incluindo:

— Demonstração de Fluxo de Caixa.

— Posições acionárias, independentes de percentual, de administradores e controladores.
— Informações trimestrais (ITR) incluindo:
Demonstração de fluxo de caixa.
Revisão especial de auditoria (hoje só empresas grandes).
Demonstrações consolidadas (hoje só anual).
Posições acionárias acima de 5%.
Posições acionárias, independente de percentual, de administradores e controladores.

DEVER DE INFORMAR

Sugestões:
— Divulgação das decisões do Conselho Fiscal (CL).

Propostas:
NOVA LEI DAS S.A.
— As companhias devem colocar suas publicações na rede mundial de computadores (art. 289 par. 7º).
— A CVM baixará normas para as companhias abertas sobre a realização de reuniões anuais com acionistas e agentes de mercado para divulgação de informações.
— Os administradores, o acionista controlador e todos os acionistas que elegerem membros para o Conselho de Administração ou do Conselho Fiscal deverão informar imediatamente à CVM e às Bolsas as mudanças ocorridas em suas posições acionárias.
— Divulgação de pareceres e representações do Conselho Fiscal ou qualquer de seus membros pode ser apresentada e lida em Assembléia Geral.

Iniciativas recentes:
BOVESPA
NOVO MERCADO DA BOVESPA
— Atos e contratos entre a empresa e outras do mesmo grupo.
— Programas de opções de compra de ações para executivos.
— Administradores e controladores informarem todas as operações com ações da empresa e seus derivativos (em bases mensais).

— Adotar políticas de auto-regulação para administradores e controladores.

— Reunião pública com analistas, pelo menos uma vez por ano.

— Calendário de eventos corporativos; divulgação até o final do mês de janeiro, mantendo-o atualizado.

ENTRADA NO MERCADO
(IPO, NOVAS EMISSÕES)

Sugestões:

— Padrões de *disclosure* nas operações de *underwriting:* selo de qualidade da Anbid — exigências extras quanto ao *disclosure* (Abrasca).

Iniciativas recentes:
BOVESPA
NOVO MERCADO DA BOVESPA

— Garantia de acesso a todos os interessados, ou

— Tranche de varejo de 10% (investidores individuais).

— Colocação através de rede própria ou conveniada, ou

— Distribuição através de corretoras, centralizada pela Bovespa.

— Prospecto segundo padrões reconhecidos, inclusive internacionalmente, com plena divulgação.

— Valor mínimo nas colocações iniciais (primárias ou secundárias): R$ 10 milhões.

— Empresas já registradas na Bovespa: listagem com dispersão acionária.

— Número mínimo de acionistas: 500.

— Período de *Lock up* para os controladores originais:
Lock up de 100% nos primeiros seis meses.
60% no período de seis a doze meses após a colocação.

ENFORCEMENT

Sugestão:
Estruturação e Reforço da CVM (CL).

Propostas:
NOVA LEI DAS S.A.
CVM:
— Agência Reguladora — autarquia de regime especial.

— Autoridade administrativa independente, ausência de subordinação hierárquica, mandato fixo de cinco anos (vedada recondução), estabilidade de dirigentes, autonomia financeira.

— Presidente e diretores nomeados pelo presidente da República, sabatinados pelo Senado.

— Aceleração de processos administrativos.

— Criado comitê de padrões contábeis com participação de universidades e institutos de pesquisa.

— Caracterização dos crimes contra o mercado de capitais: manipulação de mercado, *insider trading* e exercício irregular de funções no mercado de capitais.

Iniciativas recentes:
BOVESPA
NOVO MERCADO DA BOVESPA
— Adesão voluntária — assinatura de contrato entre a empresa e a Bovespa/CBLC.

— Adesão às regras do novo mercado.

— Adesão à Câmara de Arbitragem.

— A resolução de conflitos entre acionistas, empresa e Bovespa.

— Processo mais ágil: menos tempo e menor custo

— Árbitros especializados.

BOVESPA
— Divulgação da relação de companhias inadimplentes quanto a informações obrigatórias ao mercado no BDI (Boletim Diário de Informações).

MERCADO SECUNDÁRIO
DE TÍTULOS DE DÍVIDA PRIVADOS

PADRONIZAÇÃO

Sugestões:
— Padronização de títulos de dívida privados: conversibilidade, garantias, indexação e apuração de rendimentos (R e C).

Iniciativas recentes:
ANDIMA
— Trabalhos de orientação de cálculos e de textos para escrituras de debêntures.

REDUÇÃO DE CUSTOS

Sugestões:
— Redução do custo de emissão pública de debêntures (A).

Iniciativas recentes:
— Redução de custos do SND — 24% em 2000.

SISTEMAS DE NEGOCIAÇÃO
E FORMAÇÃO DE PREÇOS

Sugestão:
— Sistemas de negociação para formação de preços.

Propostas:
BOVESPA
— Sistema de pregão eletrônico para negociação e formação de preços de títulos de renda fixa.

Iniciativas recentes:
ANDIMA

— SIM — Cetip: o Sistema Integrado de Mercados criado pela Cetip é um sistema eletrônico de negociação, que permite realizar leilões, colocação primária de títulos e negociação no mercado secundário.

LIBERDADE DE USO DE INDEXADORES

Sugestão:
— Debêntures com correção cambial: mecanismos de captação de recursos especialmente empresas voltadas para a exportação (A).

Proposta:
NOVA LEI DAS S.A.
— Possibilidade de usar taxas de títulos da dívida pública, taxa cambial, outros indicadores (art. 54 par. 1º).

Iniciativas recentes:
BACEN-CVM
— Decisão Conjunta n. 7 do Banco Central e CVM: redução de prazos mínimos e indexação pelas taxas DI.

AMPLIAÇÃO DE MERCADO DE DEBÊNTURES

Sugestão:
— Fundos mútuos especializados em debêntures (A).
— Consolidação da cultura de *rating* de títulos privados: estabelecer critério de *rating* para definir limites de aplicação e outras restrições a investidores institucionais (A).
— Redução do fator de ponderação de risco das aplicações em debêntures das instituições financeiras com a utilização de *rating* (A).

Iniciativas recentes:
BACEN
— Operações compromissadas com debêntures.

ANDIMA
— Disponibilização de informações.
— Informações no SND, inclusive rotinas para o cálculo do PU da curva da debênture além da agenda do papel.
— *Site* especializado na Internet: Banco de Dados de Debêntures de histórico de todos os papéis na Internet.
— Securitização de recebíveis: Criação de uma empresa administradora de recebíveis — Timbre — conferindo maior segurança e transparência à negociação de créditos — centralização do produto da cobrança, eliminando risco do originador, certificando a existência e consistência do recebível.

GOVERNANÇA CORPORATIVA (AUTO-REGULAÇÃO)

Iniciativas recentes:
ANDIMA
— Código de Ética e Código Operacional de Mercado, estabelecendo normas de modo a preservar condições de concorrência, padrões de ética na condução das operações e respeito aos direitos dos investidores.

VENTURE CAPITAL, PRIVATE EQUITY

Sugestão:
— Criação de registro simplificado para distribuição restrita a investidores qualificados e Regulamentação de *Private Equity* e *Venture Capital* (Ibef).

135

GOVERNANÇA CORPORATIVA:
FUNDOS DE PENSÃO

Sugestão:
CLAESSENS

Gestão de ativos	Atribuir alta importância à qualificação profissional no processo de habilitação de gestores de investimento, para aprofundar a profissionalização da gestão de fundos fechados. Implementar regulamentação estrita sobre a separação de ativos para fundos públicos.
Regras de avaliação de ativos	Desenvolver ferramentas e processos para monitorar e efetivar o requisito recente (Res. 2.720) de fazer a marcação a mercado regular (diária) de todos os ativos com liquidez.
Regras de auditoria	As demonstrações financeiras de fundos de pensão devem ser auditadas uma vez por ano.
Divulgação (*disclosure*)	Beneficiados devem receber pelo menos uma vez por ano informações sobre o seu plano e sobre os benefícios acumulados até a data. Gestores de investimentos devem ser obrigados a revelar à diretoria a intervalos regulares, informações sobre alocação de ativos e sua rentabilidade.
Regulamentações da gestão de investimentos	A regra do *prudent person* deveria ser implementada tão logo os diretores tenham as responsabilidades legais de monitorar os gestores de investimentos. Dever-se-ia evitar regras de alocação de recursos, especialmente dentro de classes de ativos e relativas aos investimentos estrangeiros.
Deveres e responsabilidades legais dos diretores	Estabelecer mecanismos e processo para assegurar que as responsabilidades fiduciárias e legais dos diretores sejam implementadas (*enforced*).

GOVERNANÇA CORPORATIVA: FUNDOS MÚTUOS E ASSET MANAGERS

Sugestão:
CLAESSENS

Salvaguardas contra conflitos de interesse entre a operação do banco e suas responsabilidades fiduciárias como gestor de ativos	Estabelecimento de *Chinese Walls*[1] entre a operação do banco comercial e a de gestor de recursos. Assegurar que as instituições financeiras tenham unidades internas de *compliance* e que os empregados da área de gestão de investimentos não estejam ligados a qualquer outro departamento do banco.
Estrutura legal de fundos mútuos	Determinar que os fundos sejam transformados em companhias, com uma diretoria independente com diretores eleitos pelos investidores e responsáveis pela monitoração do desempenho dos fundos mútuos.
Direitos de acionistas	Organizados como companhias, investidores de fundos mútuos teriam o direito de eleger diretores, aprovar mudanças maiores nos contratos de consultoria de investimentos, aprovar mudanças fundamentais nos objetivos ou políticas de investimento.
Estrutura de *Governance*	Como companhias, os fundos mútuos deveriam ser dirigidos por uma Diretoria; pelo menos 40% dos diretores deveriam ser independentes.
Obrigações dos diretores	Diretores de fundos mútuos devem ter responsabilidade fiduciária, significando que se espera que obtenham informação adequada sobre os tópicos que sejam levados à decisão da diretoria e exercitem julgamento de negócios.
Responsabilidades legais dos diretores independentes	Diretores de fundos mútuos devem demonstrar esforços de boa-fé para cumprir suas obrigações.
Requisitos para os distribuidores	Devem ser submetidos a regulamentações análogas às aplicáveis a corretores e *dealers*.

[1] *Chinese Wall* — usado para caracterizar normas que determinam separar requisitos mínimos de capital, limitações para emprestar e tomar empréstimos, separação entre diretores e outros empregados, limites para a troca de informações, etc.

Iniciativas recentes:

ANBID

— Código de Auto-Regulação da Anbid para a Indústria de Fundos de Investimento, com o objetivo de estabelecer parâmetros pelos quais as atividades das instituições participantes relacionadas à indústria de fundos de investimento devem orientar-se, visando principalmente estabelecer:

Concorrência leal entre as instituições participantes.

Padronização de seus procedimentos de forma a proteger os interesses dos investidores.

Maior qualidade e disponibilidade de informações sobre a indústria de fundos de investimento, especialmente por meio do envio de dados pelas instituições participantes à Anbid.

Elevação dos padrões fiduciários e promoção das melhores práticas de mercado.

— Dentre outras normas, são estabelecidos padrões para a elaboração e disponibilização de prospectos, que devem conter, além de outras informações, o objetivo do investimento e a política de investimento. Fatores de risco, gerenciamento de risco, público-alvo, regras de movimentação, política de distribuição de resultados, taxas, histórico do administrador e do gestor, regras de tributação, atendimento a quotista.

— São estabelecidos ainda padrões para a divulgação do desempenho dos fundos de investimento, registro dos fundos de investimento junto à Anbid, criadas a Comissão de Acompanhamento de Fundos de Investimento e o Conselho de Auto-Regulação da Indústria de Fundos de Investimento e definidas infrações e penalidades.

GLOBALIZAÇÃO:
MERCADO INTERNACIONAL DE CAPITAIS

Sugestão:

— Acesso de papéis brasileiros a mercados globais: a escritura de emissão de debêntures deve contemplar jurisdição das principais praças financeiras: Londres, Nova York, a exemplo de emissões argentinas (A).

Proposta:
BOVESPA
— Mercado Global de Ações (GEM/*Global Equity Market*): Bovespa está negociando sua participação nesse mercado, cujo objetivo é conectar várias bolsas internacionais num sistema de negociação baseado nos princípios de um mercado transparente, auto-regulado e dirigido por ordens.

— As Bolsas participantes representam os maiores mercados de ações dos três principais fusos horários (Ásia-Pacífico, Europa-Oriente Médio-África, Américas), com capitalização de mercado da ordem de US$ 20 trilhões, 60% do mercado mundial.

— Esse mercado, cuja implantação exigirá uniformização de tratamento fiscal, liberalização de fluxos de capitais, coordenação entre CVMs e outros requisitos, oferecerá liquidez a empresas dispensando registros múltiplos (inclusive DRs), custódia e liquidação comandada a partir de *clearings* locais, preços em moeda local e as bolsas dividem a receita (base origem de compra e origem de venda).

OUTRAS SUGESTÕES

— Revitalização do Procap (Fiesp, Abrasca).
— Estímulo aos sistemas de previdência complementar: incentivo à poupança de longo prazo e sua aplicação em títulos privados (detalhes anexo — Fiesp).
— Disseminar participação acionária de empregados, empresas abertas e fechadas — ex.: *stock option* (Fiesp).

CAPÍTULO V

Balanço preliminar: ameaças e oportunidades

ELEMENTOS
PARA UM PROGRAMA DE DESENVOLVIMENTO DO MERCADO DE CAPITAIS

COM BASE nos elementos apresentados e analisados neste trabalho, pode-se fazer algumas observações finais, constituídas basicamente de um balanço preliminar e da identificação de algumas ameaças e oportunidades.

Supõe-se que essas observações sejam relevantes para a formulação e implementação de um *programa de desenvolvimento do mercado de capitais brasileiro.*

PRIORIDADE

A retomada do crescimento da economia brasileira deve ser liderada pelo investimento privado e inexistem alternativas competitivas de financiamento para a grande maioria das empresas brasileiras.

O sistema financeiro privado — bancos e mercado de capitais — deve assumir gradativamente o papel central na mobilização e alocação de recursos na economia brasileira, que tem sido ocupado nas últimas década pelo setor público.

Desse modo, o desenvolvimento do sistema financeiro em geral, e do mercado de capitais em particular, é essencial e deve ter a prioridade equivalente àquela atribuída ao próprio crescimento.

OPORTUNIDADE, RESPONSABILIDADE E POTENCIAL

Ficou evidenciada a ocorrência de uma inédita convergência de opiniões e posicionamentos do governo e do setor privado quanto à importância do mercado de capitais.

Com a nova política cambial e os avanços do programa de estabilização, estão sendo criadas algumas das condições requeridas para a retomada de crescimento. A complementação do ajuste fiscal e a institucionalização de padrões de responsabilidade fiscal reforçam a expectativa de continuidade de queda dos juros básicos a médio prazo e sua sustentação em níveis mais próximos dos internacionais.

A perspectiva de estabilização da dívida pública e o acelerado crescimento em curso dos ativos de investidores institucionais aumentam a probabilidade de forte demanda e espaço para a colocação de papéis privados — ações e títulos de dívida — desde que sejam removidos os obstáculos hoje existentes.

Verifica-se que muitas das condições a serem criadas para o eficiente desempenho do mercado de capitais e o seu desenvolvimento são de responsabilidade governamental, aí incluídas a manutenção de taxas básicas de juros próximas das internacionais, a reforma tributária, o conjunto de regras de proteção a investidores e os mecanismos que assegurem seu cumprimento. Mas verifica-se também que a construção de um mercado de capitais eficiente e competitivo em termos internacionais requer mudanças que são de responsabilidade direta de todos os participantes do mercado, desde os investidores, empresas, bancos e Bolsas de Valores, até os responsáveis pelos sistemas de distribuição e demais entidades do setor privado.

No item balanço preliminar busca-se estabelecer um balanço preliminar entre as medidas propostas ou em vias de implementação e aquelas que permitiram superar os obstáculos apontados no diagnóstico. No item 5.3 é feito um dimensionamento preliminar dos recursos que potencialmente poderiam ser deslocados para a compra de papéis privados.

BALANÇO PRELIMINAR

Foi estabelecida uma comparação entre os fatores apontados no diagnóstico como obstáculos ao desenvolvimento do mercado de capitais e as sugestões, propostas ou iniciativas recentemente adotadas. Essa comparação sugere a caracterização de três áreas:

ÁREAS EM QUE AS SUGESTÕES,
PROPOSTAS E INICIATIVAS SÃO
ALTAMENTE COMPATÍVEIS COM O DIAGNÓSTICO
E CUJA IMPLEMENTAÇÃO CORRESPONDE
PRATICAMENTE À SUPERAÇÃO DOS OBSTÁCULOS EXISTENTES

— *Proteção ao acionista*
Governança corporativa, Transparência, *Enforcement.*

Propostas e iniciativas:
— Projeto da Nova Lei das Sociedades Anônimas.
— Novo Mercado, Empresas Níveis 1 e 2 — Bovespa.
— Novos padrões de contabilidade: Projeto do Executivo no Congresso.
— *Enforcement*— Reestruturação da CVM — Nova Lei das S.A.

As políticas recentemente adotadas pelo governo induzem a alocação de recursos de investidores institucionais e agências oficiais para empresas com melhores padrões de governança corporativa e estimulam a participação do sistema financeiro privado nas operações.

De fato, essa orientação é evidenciada em recentes resoluções e deliberações do CMN, CVM, SPC, BNDES, BNDESPAR e Finep. Essas medidas atendem às expectativas quanto ao posicionamento oficial nesta fase de transição, em que o papel central da mobilização e alocação de recursos deverá migrar gradativamente do setor público para o sistema financeiro privado, aí incluídos os bancos e mercado de capitais.

Mercado Secundário de Títulos de Dívida Privados

Implantação do mercado:
Bovespa FIX
Projeto Cetip

ÁREAS EM QUE MEDIDAS
TÊM AVANÇADO NA DIREÇÃO
APONTADA NO DIAGNÓSTICO

— *Proteção a credores*
Revisão da Lei das Falências incluída na Agenda do governo para o biênio 2001-2002.

— *Padronização de títulos de dívida privados*
Iniciativa:
Padronização: Andima

— *Governança de Fundos de Pensão — Bacen/SPC*
Iniciativa:
A Resolução 2.829 do CMN, de 29/03/01, estabelece vários requisitos visando, entre outros aspectos, a caracterização de melhores padrões de boa governança corporativa.

Destacam-se a obrigatoriedade de designação de administrador tecnicamente qualificado, que será responsável civil e criminalmente, a definição e divulgação de Política de Investimento adequada ao perfil dos planos da entidade, bem como de Relatório Trimestral sobre a execução dessa política e dos custos associados.

Por outro lado, está em execução um programa de reestruturação e qualificação da Secretaria de Previdência Complementar, visando aumentar sua eficácia na implementação das normas.

— *Governança de Fundos de Investimento — Bacen/CVM*
Nos últimos dois anos, o Banco Central e a CVM têm avançado de modo significativo no estabelecimento de regulação visando a

melhoria de qualidade da governança corporativa dessas entidades, aliada à proteção aos investidores.

ÁREAS
SEM DEFINIÇÃO DE PROPOSTA
OU COM PROPOSTAS CONTRADITÓRIAS

— *Carga Tributária Potencial e Economia Informal*
Os projetos existentes de reforma tributária não tocam na questão da carga tributária potencial e seus impactos sobre o crescimento da economia informal. Seu foco é na reformulação do sistema tributário, com ênfase nos impostos indiretos, visando à eliminação dos impostos em cascata, desoneração de exportações e bens de capital e simplificação.

Dada a necessidade de manter a arrecadação, o dimensionamento das alíquotas dos novos impostos a partir da arrecadação observada praticamente garante a permanência da carga tributária potencial. Embora a eventual aprovação dos projetos existentes possa eliminar graves distorções e gerar benefícios importantes, a perspectiva é a manutenção do mesmo quadro de incentivo à economia informal.

— *Custo de transação — CPMF*
A resistência do governo federal à eliminação da CPMF tem sido evidenciada em todas as discussões em torno do assunto, não havendo até o momento perspectiva clara de sua supressão nas transações do sistema financeiro e do mercado de capitais.

O impacto da CPMF é tanto mais destrutivo quanto mais longo o prazo do papel. Por exemplo, um título resultante da securitização de uma hipoteca, com prazos de dez, quinze ou vinte anos, pode ser transacionado dezenas de vezes até o seu vencimento num mercado ativo e líquido. Na alíquota atual, de 0,38%, o CPMF é rigorosamente incompatível com o desenvolvimento desse mercado. Bastaria lembrar que numa única transação o custo da CPMF corresponde hoje a quase 80% do *spread* total de operações de securitização de recebíveis no mercado internacional (da ordem de 47 pontos básicos — Crane, Dwight B., e outros, 1995).

Na hipótese de ficar definida a permanência da CPMF, visando o combate à sonegação, uma alternativa seria a fixação de alíquota muito baixa (por exemplo, não superior a 1 ponto básico).

— *Imposto de Renda no mercado de capitais*
A tributação dos rendimentos das aplicações de fundos de pensão, Fapis (e eventualmente agora também as dos Planos de Previdência Aberta, conforme proposta divulgada), na fase de acumulação, é contraditória com a melhor prática internacional. Esta difere da cobrança do imposto para o momento do resgate ou percepção dos benefícios.

A manutenção e eventual difusão da tributação dos ganhos correntes desestimula o avanço de soluções privadas para o problema da aposentadoria e reduz o incentivo para a continuidade do processo de institucionalização da poupança, ingrediente importante do desenvolvimento do mercado de capitais.

ÁREAS DE ATUAÇÃO:
SETOR PÚBLICO E SETOR PRIVADO

— Verifica-se a multiplicação das iniciativas de auto-regulação de entidades do setor privado nos últimos anos, destacando-se Bovespa, Anbid e Andima.

— No contexto de um mercado em que o ritmo de inovações deve se acelerar no futuro próximo, existem razões para reforçar a proposição de limitar a regulação do setor público aos aspectos em que sua competência é exclusiva (como é o caso da tributação), liberando espaços e apoiando a atuação de auto-regulação do setor privado.

CRONOLOGIA —
SENSO DE URGÊNCIA

É relevante fazer algumas observações sobre a questão da velocidade com que devem ser criadas as condições e superados os obstáculos ao desenvolvimento do mercado de capitais.

Na ausência de mecanismos de coordenação das entidades envolvidas, a velocidade de formulação ou implementação de propostas depende das considerações e prioridades de cada uma delas; por outro lado, sempre que a superação de um obstáculo depender da atuação de mais de uma entidade, uma iniciativa pode ter sua eficácia comprometida pela ausência da medida complementar.

Levando em conta o avanço já verificado e a oportunidade representada por volumes crescentes de recursos para investimento no âmbito dos investidores institucionais, três iniciativas aparentemente têm as melhores condições de dar resultados em curto prazo e poderiam constituir o foco da atenção do mercado:

• Alíquota simbólica ou eliminação de incidência da CPMF nas transações do mercado financeiro e de capitais.
• Novo Mercado e Empresas Níveis 1 e 2 — Bovespa.
• Mercado de títulos de dívida privada:
— Bovespa: Mercado de Títulos de Renda Fixa.
— Cetip: SIM Sistema de Negociação de Títulos Privados.
— Padronização de títulos de dívida privada: Andima.

OPORTUNIDADE
PARA A COLOCAÇÃO DE PAPÉIS PRIVADOS

Com o avanço da estabilização, a partir de 1994, os investidores passaram a deslocar seus recursos para ativos financeiros, em substituição à tradicional poupança em ativos reais. A maior confiança na moeda fez crescer a riqueza financeira das famílias, ou seja, o passivo do sistema financeiro (bancos, fundos de investimento e fundos de pensão) junto a estas.

Em maio de 1996 esses ativos representavam 35% do PIB e em fins de 2000 já eram superiores a 50% do PIB. A simples projeção da tendência para 2005 indicaria uma proporção de riqueza financeira no PIB da ordem de 75, como se verifica na Figura 26.

FIGURA 26

RIQUEZA FINANCEIRA — % PIB

(Soma de fundos de pensão, fundos de investimento, CDB's, poupança e dep. à vista)

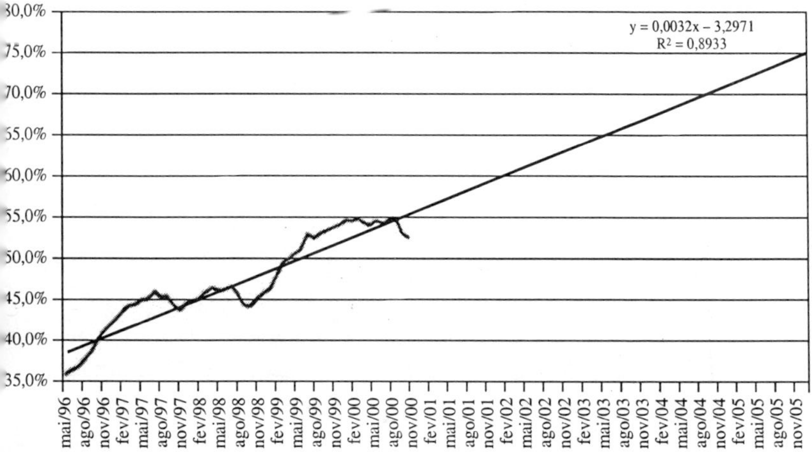

FONTE: BCB e Abrapp.

Ao mesmo tempo, uma parcela cada vez maior da riqueza financeira passou a ser comandada pelos investidores institucionais. Isso equivale a reproduzir domesticamente uma tendência observada em todo o mundo, caracterizada pela institucionalização da poupança. A Figura 27 ilustra bem essa questão.

Durante esse processo, o crescimento da dívida mobiliária pública foi financiado em boa parte pelos investidores institucionais, como pode ser observado nas Figuras 28 e 29. No começo de 1996, em torno de 25% da dívida mobiliária era financiada pelos institucionais, percentual esse que supera os 40% no final de 2000. Por sua vez, a carteira dos institucionais continha 30% em títulos públicos no início de 1996, passando a 60% no final de 2000.

Com o esforço de ajuste fiscal promovido pelo governo, do que resultou a geração de sucessivos superávits primários, vislumbra-se a possibilidade da estabilização da razão dívida/PIB. Nesse cenário, abre-se uma oportunidade para os títulos privados.

FIGURA 27

DISTRIBUIÇÃO DE RIQUEZA FINANCEIRA DAS FAMÍLIAS — BANCOS E INSTITUIÇÕES
(R$ milhões)

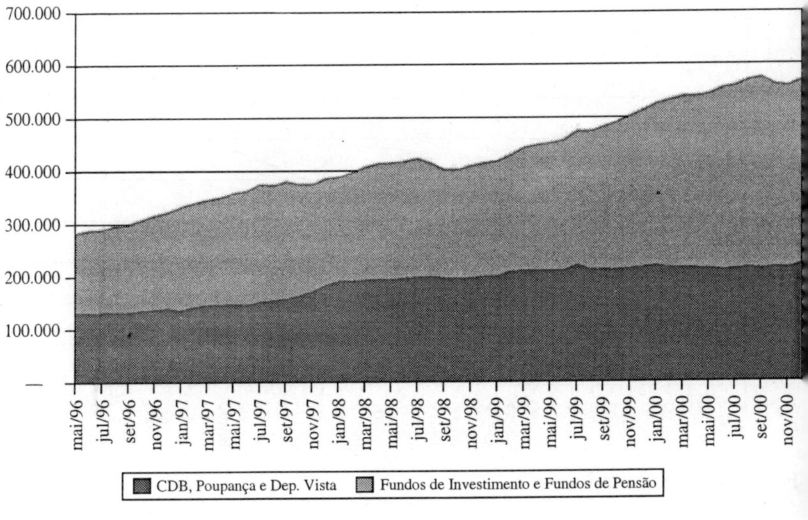

▨ CDB, Poupança e Dep. Vista   ▨ Fundos de Investimento e Fundos de Pensão

FIGURA 28

DÍVIDA PÚBLICA MOBILIÁRIA
Em poder dos fundos mútuos e de pensão (%)

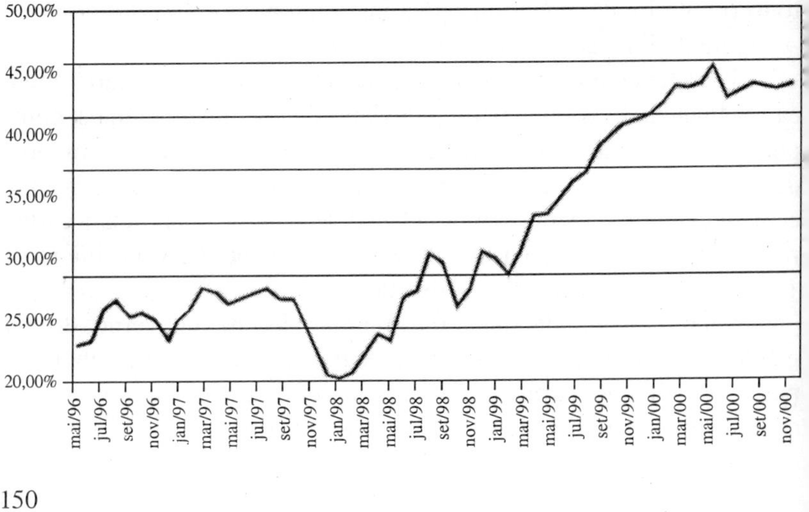

FIGURA 29

CARTEIRA DOS INSTITUCIONAIS —
FUNDOS DE PENSÃO E INVESTIMENTO
Títulos públicos na carteira (%)

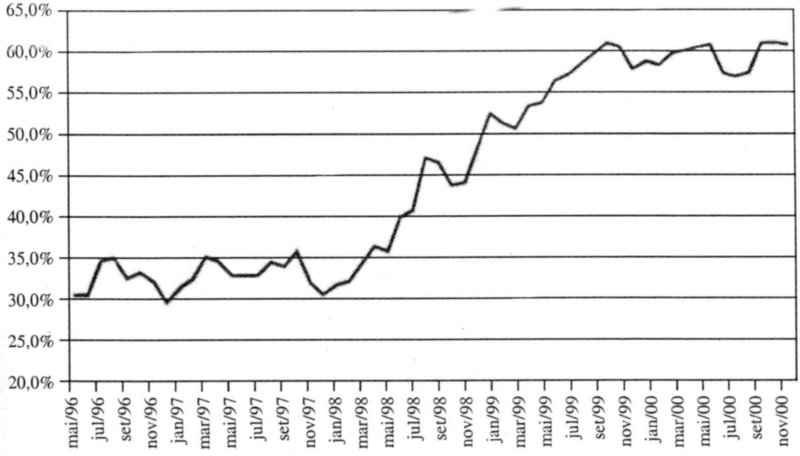

Como a carteira dos investidores institucionais vem crescendo aceleradamente (em temos de porcentagem do PIB), e a dívida pública como porcentagem do PIB se estabiliza, o excedente da carteira dos institucionais terá que ser necessariamente alocado para títulos e valores mobiliários privados. A Figura 30 ilustra bem essa questão: a projeção de uma tendência linear da riqueza financeira nos investidores institucionais como proporção do PIB indica uma elevação de cerca de 32% em fins de 2000 para pouco mais de 45% em dezembro de 2005.

Considerando um cenário de crescimento do PIB de 4% ao ano, o potencial volume de recursos para títulos privados crescerá aceleradamente. A Tabela 28 mostra os resultados da projeção.

O volume de recursos representa valores superiores a 17% da formação bruta de capital fixo. Para uma referência histórica, no período de 1996-2000, as emissões primárias de ações mais variação do estoque de debêntures e *commercial papers* em média ficaram em 3,11% da FBCF. Em termos de referência internacional, nos EUA, o país com o mercado de capitais mais ativo do mundo, as emissões primárias de ações situam-se em 16% do PIB.

FIGURA 30

RIQUEZA FINANCEIRA NOS INTITUCIONAIS — % PIB —
PROJEÇÃO DE TENDÊNCIA
(*Soma de fundos de pensão e fundos de investimento*)

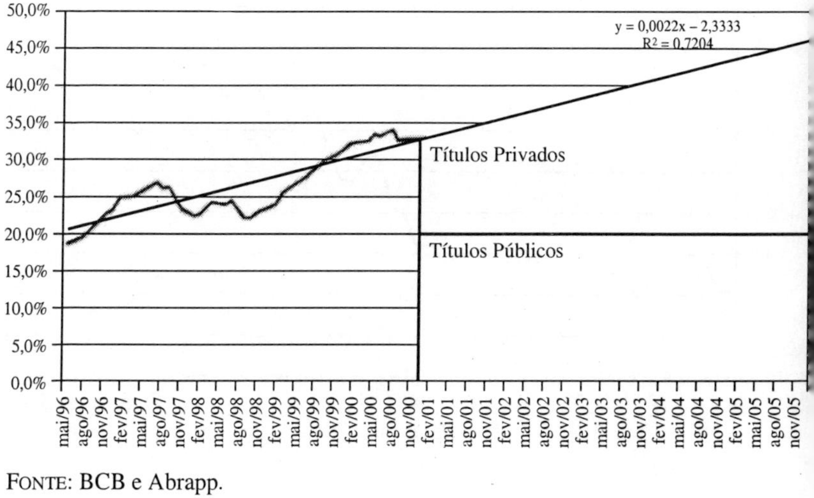

FONTE: BCB e Abrapp.
ELABORAÇÃO: Care Consultores — C.A. ROCCA.

TABELA 28

PROJEÇÃO DO VOLUME DE RECURSOS
DOS INSTITUCIONAIS PARA TÍTULOS PRIVADOS

	Títulos Privados nos Ativos dos Institucionais (R$ milhões)	Títulos Privados dos Institucionais (% PIB)	Crescimento Real Títulos Privados (%)	Variação do Estoque de Títulos Privados (% PIB)	Variação do Estoque de Títulos Privados (% FBCF)	Crescimento do Estoque de Títulos Privados (% FBCF) Média 1996-2000
2000	137.314	12,7%				
2001	193.488	17,3%	40,9%	5,0%	23,6%	
2002	236.223	20,3%	22,1%	3,7%	17,3%	3,11%
2003	282.067	23,3%	19,4%	3,8%	17,8%	
2004	331.200	26,3%	17,4%	3,9%	18,4%	
2005	383.813	29,3%	15,9%	4,0%	18,9%	

ELABORAÇÃO: Care Consultores — C.A. ROCCA.

Na medida em que se verifiquem as hipóteses e tendências projetadas, o cenário é otimista no que se refere à demanda por títulos e valores mobiliários privados. Em termos práticos, isso significa que a superação dos obstáculos identificados e a mobilização das empresas do setor produtivo podem resultar em um grande impulso ao desenvolvimento do mercado de capitais.

Aparentemente, trata-se de uma grande oportunidade para mudar para melhor o panorama do financiamento do setor privado em prazo relativamente curto, condição necessária para a retomada e sustentação do crescimento econômico.

ANEXOS

I / ENTIDADES E PESSOAS PARTICIPANTES DO PROJETO
II / RESUMO

I
Entidades e pessoas
participantes do projeto

ENTIDADES

ABRASCA
Associação Brasileira das Companhias Abertas

ANBID
Associação Nacional dos Bancos de Investimento

ANDIMA
Associação Nacional das Instituições do Mercado Aberto

BOVESPA
Bolsa de Valores de São Paulo

BVRJ
Bolsa de Valores do Rio de Janeiro

FIESP
Federação das Indústrias do Estado de São Paulo

ESPECIALISTAS

José Roberto Mendonça de Barros

Roberto Teixeira da Costa

II
Resumo

O MERCADO DE CAPITAIS
E A RETOMADA DO CRESCIMENTO ECONÔMICO

A RETOMADA DO CRESCIMENTO REQUER
CONDIÇÕES COMPETITIVAS DE FINANCIAMENTO

• Desafio atual: consolidar estabilização e retomar crescimento com equilíbrio externo.

• A retomada do crescimento deve ser liderada por investimentos privados.

• A maioria das empresas não tem acesso a condições adequadas de financiamento: obstáculo à retomada.

• A integração competitiva à economia mundial requer condições de financiamento comparáveis às dos concorrentes internacionais.

O MERCADO DE CAPITAIS E O SISTEMA BANCÁRIO PRIVADO
DEVEM ASSUMIR O PAPEL CENTRAL NA MOBILIZAÇÃO
E ALOCAÇÃO ľ ľECURSOS NA ECONOMIA BRASILEIRA

• Desde o pós-guerra o setor público tem assumido o papel central na mobilização e alocação de recursos.

• Com privatização, estabilização e abertura, o setor público concentra o foco em gastos sociais.

O sistema financeiro privado – bancos e mercado de capitais – assume gradativamente a liderança na mobilização e alocação de recursos.

MODERNIZAÇÃO DO SISTEMA FINANCEIRO: MERCADO DE CAPITAIS E SISTEMA BANCÁRIO EFICIENTES ACELERAM CRESCIMENTO ECONÔMICO

- Desenvolvimento financeiro é fator de crescimento econômico.
- Razões teóricas: sistema financeiro eficiente favorece investimento e aumenta sua produtividade.
- Evidência empírica: países com sistemas financeiros desenvolvidos crescem mais.
- Modernização do sistema financeiro: crescimento acelerado do mercado de capitais.
- Principais processos e inovações: institucionalização da poupança, securitização, novos mecanismos de mobilização e alocação de recursos e novos modos de administrar e distribuir riscos.
- Resultados: maior eficiência na alocação de recursos, mais alternativas de financiamento, menores custos de capital.
- A nova indústria de serviços financeiros.

MERCADO DE CAPITAIS NO BRASIL

RETROSPECTO

- O sistema financeiro brasileiro é pouco desenvolvido em relação aos padrões internacionais.
- Desde 1997, a dívida externa é a maior fonte de financiamento do setor privado; com sua estabilização a partir de 1999, o fluxo de crédito doméstico adquire importância.
- O custo dos empréstimos tem sido superior à taxa de retorno do ativo da maioria das empresas.
- Mercado de ações: após ciclo de crescimento induzido por abertura, privatização e estabilização, indicadores dão sinais de estagnação ou retrocesso.

Mercado secundário: parou de crescer.

Mercado primário: não acompanhou o dinamismo do mercado secundário; representa parcela irrelevante da formação de capital fixo.

• O mercado de capitais não é alternativa de captação de recursos para a maioria das empresas.

Vantagens das empresas abertas: liquidez para os acionistas e captação de recursos.

Poucas empresas abertas conseguem auferir esses benefícios.

O custo de capital de terceiros de empresas abertas, embora elevado, é menor que o de empresas fechadas.

O número de empresas abertas apresenta-se em queda desde 1980.

• Somente um pequeno número das maiores e melhores empresas tem acesso a condições razoáveis de financiamento.

O acesso a fontes de recursos de bancos e mercado de capitais é quase exclusivo das maiores empresas.

A concentração do mercado é elevada.

No mercado primário verifica-se acentuado crescimento do valor médio das emissões.

ADRs: vantagens para as empresas e migração de liquidez para bolsas internacionais.

• A concentração de propriedade e de voto é elevada.

A concentração de propriedade é elevada.

O controle de voto é concentrado.

• Títulos de dívida privados: mercado pequeno.

Mercado secundário pequeno: estoque de apenas 2,7% do PIB em 2000.

As novas emissões são relativamente pequenas.

Securitização de recebíveis e hipotecas: apenas no início.

• A institucionalização da poupança apresenta crescimento acelerado.

DIAGNÓSTICO:
OBSTÁCULOS AO DESENVOLVIMENTO DO MERCADO DE CAPITAIS

• O custo de capital próprio das empresas abertas é elevado.

Vários fatores elevam custo de capital no Brasil.

Os custos de manutenção das empresas abertas são relativamente elevados.

No período de 1988 a 1995 a tributação discriminava contra capital próprio; a partir de 1996 juros sobre o capital próprio minimizam a distorção.

Evidência internacional: baixa proteção a investidores inibe mercado e eleva custos de capital das empresas.

O desenvolvimento do mercado de capitais correlaciona-se com a proteção ao investidor.

• Alemanha e o Neuer Markt: algumas condições semelhantes às brasileiras.

• O sucesso do "Neuer Markt" na Alemanha mostra que mudanças na proteção a acionistas podem ter forte impacto positivo no mercado de ações.

• Estudos internacionais mostram que maior concentração de propriedade de companhias favorece sua valorização.

• A concentração de direito de voto acompanhada de descasamento com direito de propriedade (fluxo de caixa) tem efeitos negativos sobre o valor das companhias.

• Brasil: baixo nível de proteção a acionistas minoritários e credores.

• A carga tributária potencial elevada discrimina contra economia formal e empresas abertas.

• Para os investidores: riscos elevados, baixa atratividade.

INICIATIVAS RECENTES:
GOVERNO E SETOR PRIVADO

• O desenvolvimento do mercado de capitais requer ações do setor público e do setor privado.

• A modernização do sistema bancário tem sido acelerada.

• No mercado de capitais vários posicionamentos e iniciativas têm sido adotados, com impacto limitado.

Setor público.

Setor privado.

• O programa com objetivos definidos e participação do setor público e privado é oportuno, prioritário e urgente.

PROPOSTAS E SUGESTÕES
PARA O DESENVOLVIMENTO DO MERCADO DE CAPITAIS

- Condições macroeconômicas
- Redução de custos e desvantagens das empresas abertas
  Eliminação da discriminação contra a economia formal
  Redução de custos de empresas abertas
- Tributação do imposto de renda no mercado de capitais
- Redução dos custos de transação
- Proteção a investidores
  Governança corporativa
      Classes de ações
      Dividendos e direitos de preferenciais
      Transferência de controle e negociação de ações de própria
      Fechamento de capital
      Direito de recesso
      Dispersão de ações
      Assembléia geral
      Representação de minoritários na Administração
      Representação e funcionamento do Conselho Fiscal
      Práticas de governança corporativa
          Demonstrações financeiras
          Dever de informar
          Entrada no mercado (IPO, novas emissões)
          Enforcement
- Mercado secundário de títulos de dívida privados
      Padronização
      Redução de custos
      Sistemas de negociação para formação de preços
      Liberdade de uso de indexadores
      Aplicação de mercado de debêntures
      Governança corporativa
- *Venture capital, private equity*
- Governança corparativa: fundos de pensão
- Governança corporativa: fundos mútuos e *Asset*
- Globalização: mercado internacional de capitais
- Outras sugestões

BALANÇO PRELIMINAR:
AMEAÇAS E OPORTUNIDADES

- Elementos para um programa de desenvolvimento do mercado de capitais
- Balanço preliminar
- Oportunidades para a colocação de papéis privados

ANEXOS

REFERÊNCIAS BIBLIOGRÁFICAS

ÍNDICE DE TABELAS E GRÁFICOS

Referências bibliográficas

1. BEBCHUK, LUCIAN AYRE e MARK J. ROE (1999), "A theory of path dependence in corporate ownership and governance", *Stanford Law Review*, v. 52.

2. BECK, THORSTEN; DEMIRGÜÇ-KUNT, ASLI e LEVINE, ROSS (1999), A new database on financial development and structure, *World Bank Policy Research, Working Paper* 2146.

3. BECK, THORSTEN; LEVINE, ROSS e LOAYZA, NORMAN (2000), Finance and the sources of growth, *Journal of Financial Economics* (a sair).

4. BHATTACHARYA, UTPAL e HAZEM, DAOUK (1999), *The world price of insider trading,* Kelley School of Business, Indiana University, Indiana.

5. BLACK, BERNARD S. e RONALD, J. GILSON (1998), "Venture capital and the structure of capital markets: banks versus stock markets", *Journal of Financial Economics*, 47, p. 243-277.

6. CARVALHO, A. G. (2000), "Ascensão e declínio do mercado de capitais no Brasil. A experiência dos anos 90", *Estudos para o desenvolvimento do mercado de capitais*, Bovespa, junho, p. 24-47.

7. CLAESSENS, S.; DJANKOV, S., FAN, J., LANG, L. (1999), "Expropriation of minority shareholders in East Asia", *World Bank,* manuscrito.

8. CLAESSENS, S. (2000), "Corporate governance reform issues in the Brazilian equity markets", *World Bank,* manuscrito.

9. CRANE, DWIGHT B. et al. (1995), "The global financial system: a functional perspective", Harvard Business School Press, Boston.

10. DEMIRGÜÇ-KUNT, A. e MAKSIMOVIC, V. (1998), "Law, finance, and firm growth", *Journal of Finance* 53, p. 2107-2137.

11. DEMIRGÜÇ-KUNT, A. e LEVINE, R. (1996a), Stock markets, corporate finance and economic growth: An Overview, *World Bank Economic Review,* v. 10, n. 2, p. 223-239.

12. DEMIRGÜÇ-KUNT, A. e LEVINE, R. (1996b), Stock markets development and financial intermediaries: stylized facts, *World Bank Economic Review,* v. 10, n. 2.

13. EARSTERBROOK, FRANK H. e FISHEL, DANIEL R. (1991), *The economic structure of corporate law,* Harvard University Press, Cambridge, MA.

14. EDWARDS, JEREMY S. S. e WEICHENRIEDER, ALFONS J. (1999), "Ownership concentration and share valua-

tion: evidence from Germany", manuscrito, University of Cambridge and Cesifo, julho.

15. GERSCHENKRON, ALEXANDER (1962), "Economic backwardness in historical perspective", Harvard University Press.

16. GLEASER, E., JONHSON, S., e SHLEIFER, A. (2000), "Coase versus the Coasians", *Harvard e MIT, Working Paper*.

17. GREENSPAN, ALAN (1999), "As lições da crise global de 1997 e 1998", *O Estado de S. Paulo*, 3/10, p. B-11.

18. JENG, LESLIE e WELLS, PHILIPPE (1998), "The determinants of venture capital funding: evidence across countries". Harvard University, maio, mimeo.

19. JENSEN, M., MECKLING, W. (1976), "Theory of the firm: managerial behavior, agency costs, and ownership structure", *Journal of Financial Economics*, 11, p. 5-50.

20. JOHNSON, S. (2000), "Which rules matter? Evidence from Germany's Neuer Markt", *MIT, Working Paper*.

21. LA PORTA, R.; LOPEZ-DE-SILANES, F.; SHLEIFER, A. e VISHNY, R. (1998), "Law and finance", *Journal of Political Economy*, n. 106, p. 1113-1155.

22. LA PORTA, R.; LOPEZ-DE-SILANES, F.; SHLEIFER, A. e VISHNY, R. (1997), "Legal determinants of external finance", *Journal of Finance*, n. 52, p. 1131-1150.

23. LA PORTA, R.; LOPEZ-DE-SILANES, F.; SHLEIFER, A. e VISHNY, R. (1999b), "Corporate ownership around the world", *Journal of Finance*, n. 54, p. 471-517.

24. LA PORTA, R.; LOPEZ-DE-SILANES, F.; SHLEIFER, A. e VISHNY, R. (1999), Investor protection and corporate valuation, *NBER, Working Paper*.

25. LA PORTA, R.; LOPEZ-DE-SILANES,

F.; SHLEIFER, A. e VISHNY, R. (2000), "Investor protection and corporate governance", *Journal of Financial Economics* (a sair).

26. LEAL, RICARDO P. C.; SILVA, ANDRE C. e VALADARES, SILVIA M. (2000), "Ownership, control and corporate valuation of Brazilian companies. Proceedings of the Latin American corporate governance roundtable", São Paulo, OECD, abril.

27. LEAL, RICARDO P. C. (2000), "Três desafios para a abertura de capital", *Revista da CVM*, n. 32, p. 56-61, setembro.

28. LEAL, RICARDO P.C. e BOCATER, PAULA F. (1992), "Métodos de acesso a ofertas públicas de ações em mercados internacionais", *Revista Brasileira de Mercado de Capitais*, v. 1, n. 45, p. 7-24, julho/dezembro.

29. LEVINE, R. (1996), "Financial development and economic growth: views and agenda", *Journal of Economic Literature*, p. 688-726, junho.

30. LEVINE, R. (1997), "Stock markets: a spur to economic growth", *Finance and Development*, março.

31. LEVINE, R. e ZERVOS, S. (1998), "Stock markets banks and economic growth", *American Economic Review*, n. 88, p. 537-58.

32. LEVINE, R. (1997), "Financial development and economic growth: views and agenda", *Journal of Economic Literature*, n. 35, p. 688-726, junho.

33. LEVINE, R.; LOAYZA, N. e BECK, T. (2000): "Financial intermediation and growth: causality and causes", *Journal of Monetary Economics* (a sair).

34. LEVINE, R. e ZERVOS, S. (1996), "Stock market development and long-run growth", *World Bank Economic Review*, v. 10, n. 2, p. 323-339.

35. LEVINE, R. e ZERVOS, S. (1998),

"Stock markets, banks and growth", *American Economic Review*, n. 88, p. 537-58, junho.

36. BARROS, JOSÉ ROBERTO MENDONÇA DE; SCHEINKMAN, JOSÉ ALEXANDRE; CANTIDIANO, LUIZ LEONARDO; GOLDENSTEIN, LIDIA; SILVA, TEREZA MARIA FERNANDEZ DIAS DA e CARVALHO, ANTONIO GLEDSON DE (2000), "Desafios e oportunidades para o mercado de capitais brasileiro", *Estudos para o desenvolvimento do mercado de capitais,* Bovespa, junho.

37. MORCK, R.; SHLEIFER, A. e VISHNY, R.(1988), "Management ownership and market valuation: An empirical analysis", *Journal of Financial Economics*, n. 20, p. 293-315.

38. MORCK, R.; STANGELAND, D. e YEUNG, B. (1999), "Inherited wealth, corporate control and economic growth", University of Alberta, mimeo.

39. NENOVA, TATIANA (1999), "The value of corporate votes and control benefits: a cross-country analysis", National Bureau of Economic Research, Massachusetts, dezembro.

40. NÓBREGA, MAILSON; LOYOLA, GUSTAVO; GUEDES, ERNESTO MOREIRA FILHO e PASQUAL, DENISE DE (2000), "O mercado de capitais: sua importância para o desenvolvimento e os entraves com que se defronta no Brasil", *Estudos para o desenvolvimento do mercado de capitais,* Bovespa, maio.

41. PRATI, ALESSANDRO; SCHINASI, GARRY J. (1997), "What impact will have on european securities markets?", *Finance & Development*, p. 47-50, setembro.

42. PROCIANOY, JAIRO e SNIDER, HELEN (1994), "Tax changes and dividend payouts: is shareholder's wealth maximized in Brazil?", *IB-94-9,*

Leonard Stern School of Business, New York University, Nova York, agosto.

43. RAJAN, R. e ZINGALES, L. (1999), "The political economy of financial development", University of Chicago, *Working Paper.*

44. RAJAN, RAGHURAM e ZINGALES, L. (1998), "Financial dependence and growth", *The American Economic Review,* v. 88, n. 3, junho.

45. RAJAN, RAGHURAM e ZINGALES, L. (1999), "The political economy of financial development", University of Chicago, *Working Paper.*

46. ROCCA, C. A. (1999), "O papel do sistema financeiro privado na retomada do crescimento", *Revista da CVM*, n. 30, dezembro.

47. ROCCA, C. A. e CARVALHO A. G. (1999), "Mercado de capitais e o financiamento das empresas abertas", Fipe/Abrasca.

48. ROCCA, C. A.; SILVA, MARCOS E. e CARVALHO, A. G. (1998), "Sistema financeiro e a retomada do crescimento econômico", Fipe/Bovespa.

49. RODRIGUES, EUCHÉRIO L. (1999), "Maior visibilidade ou integração do mercado de capitais brasileiro? Os efeitos da listagem de ações de empresas brasileiras no mercado norte-americano através do mecanismo de recibos de depósitos de ações", *Revista da CVM,* n. 30, dezembro.

50. SAITO, RICHARD (2000), "Differential pricing of equity classes, majority control and corporate governance: evidence from the Brazilian equity market", Larc, Fundação Getúlio Vargas.

51. SHLEIFER, A.; VISHNY, R. "A Survey of Corporate Governance" (1997), *Journal of Finance*, 52, p. 737-783.

52. SHONFIELD, ANDREW (1965), "Modern capitalism", Oxford University Press.

53. VALADARES, SILVIA M. e LEAL, RICARDO P. C. (2000), "Ownership and control structure of Brazilian companies", *Revista Abante*, v. 3, n. 1, p. 29-56, abril.

54. WEI, SHANGJIN e HALL, THOMAS W. (2001), Investigating Costs of Opacity, www.opacityindex.com.

55. ZANI, JOÃO e NESS JR., WALTER LEE (2000), "Os juros sobre o capital próprio versus vantagem fiscal do endividamento", *Encontro Anual da Anpad*, 2000.

56. ZOCKUN, M. H. (2000), "Uma medida do tamanho da economia informal no Brasil", mimeo.

Índice de tabelas e gráficos

Figura 1	Desenvolvimento bancário inicial medido pela razão entre empréstimo a empresas e PIB em 1976 e crescimento econômico subseqüente (1976-93)
Figura 2	Liquidez inicial medida pela razão entre o valor transacionado e PIB em 1976 e crescimento econômico subseqüente (1976-93)
Figura 3	Estrutura de sistemas financeiros (Dezembro 1998)
Figura 4	Variação da dívida externa privada total — US$ milhões
Figura 5	Custo médio de operações de crédito — capital de giro; conta garantida; vendor; *hot money*; desconto de duplicatas e desconto de nota promissória
Figura 6	Capitalização bursátil Bovespa
Figura 7	Volume de negócios nas bolsas de valores
Figura 8	Emissão de ações como proporção da formação bruta de capital fixo
Figura 9	Distribuição de PL médio de 1995 a 1997 de 197 papéis
Figura 10	Distribuição acumulada do preço por valor patrimonial — Amostra de 332 papéis (Valor médio 1995 — 1997)
Figura 11	Número de empresas abertas
Figura 12	Companhias listadas Bovespa
Figura 13	Concentração de recursos externos de financiamento entre empresas
Figura 14	Volume de transações — ADR (%) Bovespa X EUA
Figura 15	Estoque de debêntures, notas promissórias e *Export Notes* — Cetip
Figura 16	Riqueza financeira nos institucionais — % PIB
Figura 17	Participação dos títulos públicos e títulos da dívida privada nos ativos dos investidores institucionais
Figura 18	Taxa over-selic real acumulada em 12 meses
Figura 19	Tributação do imposto de renda: juros e lucros
Figura 20	Desenvolvimento do mercado de capitais e qualidades da proteção ao acionista
Figura 21	Valor da Firma e a divergência entre direitos de propriedade e de voto
Figura 22	Prêmio do direito de voto em 13 países
Figura 23	Desvio padrão anualizado dos retornos dos índices de ações — 1992-1997.
Figura 24	Ibovespa X Selic
Figura 25	SP500 X Fed Funds
Figura 26	Riqueza Financeira — % PIB
Figura 27	Distribuição de riqueza financeira das famílias — Bancos e Instituições R$ milhões

Figura 28 Dívida pública mobiliária — Em poder dos fundos mútuos e de pensão (%)
Figura 29 Carteira dos institucionais — Fundos de pensão e investimento — Títulos públicos na carteira (%)
Figura 30 Riqueza financeira nos Institucionais — % PIB — Projeção de tendência

Tabela 1   Indicadores do tamanho do mercado de capitais 1995 — União Européia, EUA e Japão
Tabela 2   Custos totais de operação de Securitização recebíveis de companhias *multiseller conduide* Bancos
Tabela 3   Indicadores do tamanho do mercado de capitais
Tabela 4   Fontes e formas de financiamento do setor privado — saldo R$ milhões
Tabela 5   Fontes e formas de financiamento do setor privado — variação do Saldo — R$ milhões
Tabela 6   Taxa de retorno do ativo 1997 — capital aberto e capital fechado
Tabela 7   Emissão de ações como proporção da formação bruta de capital fixo (1996)
Tabela 8   Vantagens das empresas abertas
Tabela 9   Distribuição da presença em pregão dos papéis negociados na Bovespa
Tabela 10 Custo de capital de terceiros — Despesas financeiras/passivo oneroso
Tabela 11 Tamanho por ativo
Tabela 12 Mercado primário — valor médio das emissões: 1993 — 1999
Tabela 13 Porcentagem de ações ordinárias com acionistas que detêm mais de 5% das ações
Tabela 14 Porcentagem de ações ordinárias com acionistas que detêm mais de 5% das ações ordinárias
Tabela 15 Concentração da propriedade na Alemanha, Japão e Estados Unidos. Porcentagem (X) do capital votante controlado pelo maior acionista
Tabela 16 Porcentagem de ações preferenciais com controladores que detêm mais de 5% das ações ordinárias
Tabela 17 Emissão de debêntures
Tabela 18 Cibrasec — Operação de securitização de recebíveis hipotecários.
Tabela 19 Custo de Capital Próprio (% a.a.)
Tabela 20 Média de Retornos Iniciais (Underpricing) para 30 países
Tabela 21 Desvantagens das Empresas Abertas
Tabela 22 Comparação do desenvolvimento do mercado de ações
Tabela 23 Ranking global de direitos de acionistas minoritários
Tabela 24 Direito dos credores no mundo
Tabela 25 Padrões contábeis no mundo
Tabela 26 Eficiência do sistema judiciário
Tabela 27 Carga tributária sobre o valor adicionado — Resumo por setor — Empresas abertas
Tabela 28 Projeção do volume de recursos dos Institucionais para títulos privados

Este livro foi composto por
ART LINE PRODUÇÕES GRÁFICAS LTDA.
Rua Visconde de Inhaúma, 64/3º andar – Rio de Janeiro, RJ
e impresso nas oficinas da
EDITORA GRÁFICA SERRANA LTDA.
Rua General Rondon, 1500 – Petrópolis, RJ
para a
EDITORA JOSÉ OLYMPIO LTDA.
em novembro de 2001

*

70º aniversário desta Casa de livros, fundada em 29.11.1931

*Qualquer livro desta Editora não encontrado nas livrarias pode ser pedido,
pelo reembolso postal, à EDITORA JOSÉ OLYMPIO LTDA.*

Rua da Glória, 344/4º andar
20241-180 – Rio de Janeiro, RJ
PABX: (0xx21) 2509-6939 – Fax: (0xx21) 2242-0802
E-mail: joeditor@unisys.com.br
Home page: www.joseolympio.com.br